RÉSURRECTION MERVEILLEUSE

EN 1877

DE

M^el DE NOTREDAME

MORT EN 1566

Troisième faisceau de vraie lumière

Divulgation du grand secret d'interprétation
Traduction de la huitième centurie

Domine, labia mea aperies, et os meum
annuntiabit laudem tuam.

DU 25 SEPTEMBRE 1882 AU 10 JUIN 1883

RÉSURRECTION MERVEILLEUSE

DE

M^{el} DE NOTREDAME

ANGERS, IMPRIMERIE LACHÈSE ET DOLBEAU.

RÉSURRECTION MERVEILLEUSE

EN 1877

DE

M^{EL} DE NOTREDAME

MORT EN 1566

Troisième faisceau de vraie lumière

Divulgation du grand secret d'interprétation
Traduction de la huitième centurie

Domine labia mea aperies et os meum
annuntiabit laudem tuam.

DU 25 SEPTEMBRE 1882 AU 10 JUIN 1883

DÉDICACE

A Marthe et Madeleine, mes petites-filles

Nées à Candé (Maine-et-Loire), depuis 1875.

Dieu a caché aux sages et aux superbes de ce monde nombre de vérités et nombre de choses qu'il a révélées aux simples et aux petits. (Matth., (xii, 25.) Voilà pourquoi les œuvres de M. de Notredame, restées jusqu'ici lettres closes pour les prétendus savants, pourront être comprises et expliquées par des personnes à l'esprit droit, au cœur d'enfant, disposées à croire et à aimer tout ce qui est beau, bon et vrai. Voilà pourquoi, sans aucun souci de ces gens habitués à respirer l'air épais et lourd du commun des martyrs, incapables d'attacher à ces écrits plus d'importance et d'intérêt que ne le feraient des poissons traversant une exposition de fleurs, je vous en ai dédié la traduction, *suspenso naso*, comme à des enfants appelées à vivre dans une atmosphère plus légère, plus subtile, plus élevée, une atmosphère sereine et inaccessible à l'ignorance, à l'envie, à la jalousie et à d'autres infirmités aussi peu avouables. Les beaux noms de Marthe et de Madeleine que vous portez, le sang des Forest qui coule dans vos veines, l'air natal pur et sain que vous respirez à Candé sont de bon augure et semblent me garantir de votre part autant d'empressement à vous pénétrer des sentiments catholiques et monarchiques qui ont inspiré ces écrits et qui les animent, que de fidélité à les conserver toujours vivants dans vos cœurs.

S'il est vrai que noblesse oblige, voici vos titres :

I. Marthe et Madeleine, sœurs de Lazare, reçurent à Béthanie le Fils de Dieu, comme hôte et comme ami et l'accompagnèrent jusqu'au lieu de son supplice et de son tombeau. Chassées de la Judée par la persécution, ces saintes femmes vinrent suivant une pieuse tradition confirmée par les monuments, demander un asile à la terre hospitalière de la Provence française et en retour de son accueil sympathique, elles la gratifièrent les premières des enseignements du Christ et lui donnèrent, Marthe à Tarascon le spectacle de sa foi vive et agissante, Madeleine à la Sainte-Baume celui de l'amour transformé et pénitent. Leurs noms semblent prédestinés et exhalent encore le parfum de leurs vertus. En effet : Marthe a pour étymologie véritable μαρτυρουσα rendant témoignage θεω à Dieu et Madeleine μαγμα, lie, impureté δηλεομενη détruite ωησει par la purgation, la pénitence ;

II. Vous comptez parmi vos aïeux quatre Forest

qui jusqu'à la mort ont servi Dieu et le Roi :

1° René Forest, combattant de Valmy en 1792, partagea avec Lescure et La Rochejacquelein la gloire des journées de Thouars et de Fontenay, sauva Marie-Jeanne et mourut au champ d'honneur à Pontorson, le 17 novembre 1793, âgé de vingt-deux ans;

2° Jean-René Forest, son frère, prêtre, déporté en Espagne aux mauvais jours de l'an 1792, fut appelé, à son retour en France, à la cure de Saumur, qu'il occupa de 1802 à 1831, époque de sa mort. Son ministère sacerdotal y fut rempli par des œuvres nombreuses et surtout par l'instruction donnée gratuitement à plus de huit cents jeunes gens, dans une école presbytérale qu'il soutint pendant vingt-six ans, le premier et le seul en France, contre tous les efforts et les tracasseries de l'université et de son monopole;

3° Pierre Forest, son frère, après l'anéantissement de l'armée vendéenne se livra à l'agriculture et vint terminer à Ingrandes, en 1863, sa longue existence de travail, de dévouement et de sacrifices;

4° Jean Forest, père des trois précédents, était mort pour Dieu et le Roi, à Savenay, le 23 décembre 1793, joignant à la gloire du martyre l'honneur d'avoir donné à sa patrie un prêtre, un agriculteur et un soldat, représentant les trois forces indispensables qui procurent à toute société la lumière de l'âme, la nourriture du corps et la protection des biens.

III. Candé qui vous a vu naître, fière encore des armoiries peintes sur ses écussons et ses bannières que l'on blasonne ainsi :

De gueules, au château à trois tours d'argent surmontées de trois girouettes d'or,

Proclame à tous venants, dans le langage héraldique de ses anciens habitants, cette noble pensée :

« Dans le pays où nous avons créé le sol, le
« climat et jusqu'à notre sang, nous avons élevé un
« château fort flanqué de tours, pour défendre et
« protéger nos biens temporels et ce que nous
« avons de plus cher au monde, mais nous avons
« surmonté ses tours de girouettes qui peuvent
« impunément être agitées par le vent de la for-
« tune et de l'adversité, car nous placerons tou-
« jours par dessus tout, les biens spirituels, les
« qualités de l'intelligence et du cœur, la force
« d'âme, la justice et la pureté des sentiments
« honorables. »

Explication qui s'appuie sur les considérations suivantes :

1º Fond de l'écu, *fundamentum*, fondement ;

2º De gueules, rouge sang. L'homme crée le sol en y déposant le travail et l'engrais, la culture crée le climat, l'assainissement du sol produit celui de l'air, l'assainissement de l'air produit celui du sang ; une fibrine plus riche augmente les muscles, les poumons et la pulpe cérébrale ;

3º L'argent d'αρχος blanc, couleur de la lune, symbolise les choses matérielles, les biens d'ici-bas comme le jaune, couleur de l'or et du soleil symbolise les choses spirituelles (en hébreu : or et soleil s'expriment par le même mot.

Tel est le cercle d'honneur dont vous ne pouvez convenablement sortir; telle est la chaîne de fleurs qui vous lie à vos ancêtres et à laquelle vos enfants doivent être rattachés.

Pour confirmer son droit aux biens de ses aïeux,
Il faut les imiter, vivre et mourir comme eux!

AVIS A MES DISCIPLES

Ω Ἄνδρες Ἀθηναῖοι.

Adorez Dieu seul; aimez-le de tout votre cœur et votre prochain comme vous-même. Proposez-vous toujours la gloire de Dieu pour fin de vos actions; invoquez-le, il vous exaucera; glorifiez-le, il vous exaltera.

Soyez tardif dans vos paroles et dans vos actions. Ne vous appuyez pas sur votre prudence, sur vos connaissances, ni sur la parole et les richesses des hommes, principalement des grands. Ne mettez votre confiance qu'en Dieu. Faites voir le talent qu'il vous a confié. Soyez avare du temps, il est infiniment court pour un homme qui sait l'employer. Ne remettez pas au lendemain, qui n'est pas à vous, une chose nécessaire que vous pouvez faire aujourd'hui. Fréquentez les bons et les savants. L'homme est né pour apprendre; sa curiosité en est une preuve bien palpable, et c'est dégrader l'humanité que de croupir dans l'oisiveté et l'ignorance. Plus un homme a de connaissances, plus il approche de l'auteur de son être, qui sait tout. Profitez donc des lumières des savants; recevez leurs instructions avec douceur et leurs corrections toujours en bonne part. Fuyez le commerce des méchants, la multiplicité des affaires et la quantité d'amis.

Les sciences ne s'acquièrent qu'en étudiant, en méditant et non dans la dispute. Apprenez peu à la fois ; répétez souvent la même étude ; l'esprit peut tout quand il est à peu et ne peut rien quand il est en même temps à tout.

La science, jointe à l'expérience, forme la vraie sagesse. On est contraint, à son défaut, de recourir à l'opinion, au doute, à la conjecture et à l'autorité.

Les sujets de la science sont Dieu, le grand monde et l'homme. L'homme a été fait pour Dieu, la femme pour Dieu et l'homme, et les autres créatures pour l'homme et la femme (Sap. ix, v. 2 et suiv.), afin qu'ils en fissent usage pour leurs occupations, leur propre conservation et la gloire de leur auteur commun. Après tout, faites en sorte que vous soyez toujours bien avec Dieu et votre prochain. La vengeance est une faiblesse dans les hommes. Ne vous faites jamais aucun ennemi ; et si quelqu'un veut vous faire du mal ou vous en a fait, vous ne sauriez mieux et plus noblement vous venger qu'en lui faisant du bien.

Aphorisme de la vérité des sciences.

Deux sortes de sciences, et non plus : la religion et la physique ; c'est-à-dire la science de Dieu et celle de la nature ; tout le reste n'en est que les branches. Il y en a même de bâtardes ; mais elles sont plutôt des erreurs que des sciences.

Dieu donne la première dans sa perfection aux saints et aux enfants du ciel. Il éclaire l'esprit de l'homme pour acquérir la seconde, et le démon y jette des nuages pour insinuer les bâtardes.

La religion vient du ciel, c'est la vraie science, parce que Dieu, source de toute vérité, en est l'auteur. La physique est la connaissance de la nature; avec elle, l'homme fait des choses surprenantes : *mens humana mirabilium effectrix.*

La puissance de l'homme est plus grande qu'on ne saurait l'imaginer. Il peut tout par Dieu, rien sans lui, excepté le mal.

***

Ecoutez ces conseils et suivez-les. Ils sont inspirés par le Saint-Esprit, l'esprit créateur qui, au moyen de l'eau et du feu, transforme le monde dans toutes les régénérations. C'est le divin ouvrier qui unit le ciel et la terre; c'est le mercure qui volatilise le fixe et fixe le volatil; c'est Vulcain qui fend la tête à Jupiter pour en faire naître Minerve-Athéné. Dans sa main se lient et se coordonnent le le passé, le présent et le futur pour former une admirable unité.

Quoi! me direz-vous, vous mêlez le sacré au profane, et vous nous parlez de Vulcain qui fend la tête à Jupiter pour en faire naître Minerve-Athéné. Mes amis, tout est lié. Est-ce bien ma faute si les hommes ont matérialisé, personnifié, afin de les rendre plus sensibles, les idées lancées dans le monde?

Vulcain, le feu (υγρα, agile, υλη, matière

καιουσα en brûlant ινεουσα purifiant), a fendu la tête à Jupiter (ιυ pour ιος l'unique πιτυλεων s'agitant avec bruit ερσαων, en arrosant), pour en faire naître Minerve-Athéné (μινυουσα amoindrissant εραν la terre υειχαν à l'état de boue puante, c'est-à-dire purifiant la matière noire, la blanchissant, y apportant avec la lumière, la joie et la prospérité. αθ idée de fleurs νιν accompli d'ανυω ou le lis contenant l'or de ses étamines dans l'argent de sa corolle, c'est-à-dire le soleil-lune.

L'intuition mythologique, dit Creützer, voit dans les astres, les montagnes, les mers, les fleuves, autant de divinités vivantes. Minerve est l'esprit de lumière et de vie qui réside dans le soleil et dans la lune. (Apollon et Diane.) Ces deux flambeaux du jour et de la nuit, dieux l'un et l'autre sortent du sein de la mer et se lèvent à nos yeux sur le sommet des montagnes. Jupiter, le corps vivant de la nature, non seulement a son trône sur la cîme des monts, mais il se transforme en une montagne sacrée. Cela veut dire que du corps de la nature (Jupiter), que du faîte de la montagne sacrée qui le représente, semblent naître le soleil et la lune, et avec eux Minerve le principe de lumière qui luit et brille en eux. Voilà notre déesse naissant du sommet de la tête de Jupiter. Minerve, προνεα, la providence divine ayant fait naître la lumière du sein de la nuit vers les régions de l'aurore, cette lumière se révèle à Delphes, où se rendent les oracles (ομφαλος της γης.) Sans Minerve, point d'Apollon. Minerve est au physique et au moral la puissance de lumière invincible et sans tache, c'est l'énergie de Jupiter (Διος Δυναμις), auteur de la vie sociale et civilisée, autant par la guerre que par la paix; elle a donné l'olivier, la santé, les tissus, la victoire; elle préside à la marine, à l'agriculture, aux talents littéraires; elle guide les héros; elle s'appelle νικη, la victoire; εργανη, l'ouvrière; et προνεα, la prévoyante; elle est la grande purificatrice; elle fait fleurir les vertus.

En disant que Vulcain et Athéné ont eu pour fils Apollon, on a voulu exprimer que le feu immatériel mâle, s'alliant au feu immatériel femelle, engendre le feu matériel le plus pur, c'est-à-dire la substance du soleil, astre de la nature et de l'esprit tout ensemble.

Ω ανδρες αθηναιοι. Ανδρες, hommes de cœur, ιοιητε qui marchez, qui aspirez à, αθ la fleur ηνα parfaite; qui aspirez au lis, je vais vous tamiser la lumière. Que désirez-vous de mieux?

$$\text{Θεοι δ'αρετην οπασειαν}$$
$$\text{Παντοιην και μητι κακον μεταδημιον ειη.}$$

(Hom., Od., ch. XIII, v. 45, 46.)

Que les trois personnes de la Sainte-Trinité vous accordent toutes sortes de prospérités et vous préservent de toutes calamités publiques!!

PREMIÈRE PARTIE

Divulgation du grand secret.

Balthazar, roi de Babylone, s'étant permis de profaner les vases enlevés au temple de Jérusalem, en les faisant servir pour boire dans un festin donné aux seigneurs de sa cour, vit une main qui traçait sur la muraille ces trois mots d'une langue mystérieuse : Mané, Théchel, Pharèz. Aucun des savants de ce temps n'ayant pu les expliquer, on eut recours à Daniel, serviteur de Dieu, qui les traduisit ainsi : *Mané*, Dieu a compté les jours de votre règne : *Théchel*, vos actions ont été pesées : *Pharèz*, votre royaume sera divisé entre les Mèdes et les Perses. Cette même nuit, Balthazar fut tué et Darius le Mède lui succéda. (Daniel.)

De 1550 à 1558, M. de Notredame, dans une langue mystérieuse et sous la dictée de Dieu, écrivait son poème des centuries où sont consignés par avance tous les faits principaux de l'histoire de l'Église et de la France jusqu'à la fin du monde et notamment le passage du Typhon révolutionnaire et la restauration du trône et de l'autel. Jus-

qu'ici ce livre s'est présenté comme un nouveau
Mané, Théchel, Pharèz, bien qu'il compte plus de
cent vingt éditions et qu'il figure dans toutes les
bibliothèques. L'heure de son interprétation n'était,
sans doute, pas sonnée à l'horloge du bon Dieu et
le sceau posé sur son texte, attendait toujours pour
être levé la main du Denis Διονυσιος, θεοφαντος,
déclaré et manifesté de Dieu.

Dès le 25 septembre 1877, Dieu avait bien fait
entrevoir à son humble serviteur la glorieuse mission à laquelle il était appelé ; il avait bien projeté
sur lui un rayon illuminateur, mais la lumière de
ce rayon était si vive, si éclatante qu'elle avait
produit sur son intelligence une espèce d'éblouissement et de stupéfaction. Aux faiblesses, aux
hésitations, aux inexactitudes des premiers travaux
du traducteur, on croit voir les premiers pas mal
assurés d'un enfant, entendre le bégaiement d'une
langue qui s'essaie.

Voici le sens précurseur donné aux deux premiers quatrains des centuries en 1878 :

Estant assis de nuict secret estude,
Seul reposé sur la selle d'airain
Flambe exigue sortant de solitude
Fait proférer qui n'est à croire vain (1er).

La verge en main mise au milieu de branches
De l'onde il moulle et le limbe et le pied
Un peur et voix frémissent par les manches
Splendeur divine, le divin près s'assied (2e).

Me livrant en pleine nuit à l'étude des mystères de l'avenir, seul assis sur le trépied d'airain, une petite lumière qui provient de la toute-puissance de Dieu me pénètre et me fait annoncer des prophéties qui ne sont pas mensongères (1er).

La plume entre les doigts, je vais couvrir de prophéties une page entière depuis le haut jusqu'en bas ; un doux et léger frisson parcourt mes os. La fille de la voix se fait entendre, l'éclat de Dieu m'environne, Dieu s'assied près de moi et me dicte.

———

Aujourd'hui l'enfant a grandi, il se croit plus solide sur ses pieds et confiant dans les forces que Dieu lui octroie depuis le 25 septembre dernier, il s'est engagé sur la voie tracée et en fouillant le texte composé de racines grecques, il a obtenu la traduction suivante :

PREMIER QUATRAIN.

Je vais chanter les événements de l'avenir à partir d'aujourd'hui, tels qu'ils m'ont été révélés et qu'ils sont arrêtés par la toute-puissance de Dieu. après les avoir coordonnés avec soin pendant la nuit.

Je vais chanter la réduction en putréfaction de la matière, la résolution de l'eau en vapeurs ou sa volatilisation. le lavage du laton ou de Latone (matière noire) par la lune ou Diane qui lui succède. opérant la purification au moyen du fixe brûlant volatilisé. puis la terre qui. au moyen d'un feu plus ardent venant dessécher tout ce que contient le vase, produit le soleil fixe.

Pour éclairer ceux qui font le pèlerinage de la vie, je vais prédire ce que doit être cette matière en putréfaction portant en son sein le volatil et le fixe qui, par la cuisson, sera réduite en pierre de l'art sacré par le fixe purifiant le volatil.

DEUXIÈME QUATRAIN.

Trempant ma plume en proie aux transports de l'inspiration dans la rosée céleste qui vient féconder la terre, plein de haine pour les profanateurs, destructeurs et incendiaires voulant tarir la source jaillissante des paroles célestes, je vais fixer sur le papier l'histoire certaine de l'avenir, sous l'allégorie de la confection de la pierre philosophale en volatilisant le fixe et en fixant le volatil. Un petit jet de feu doux et subtil est apporté dans mes muscles par l'Esprit qui ouvre l'intelligence. La moelle épinière étant un organe de transmission qui, d'une part, conduit à l'encéphale les impressions qui lui arrivent par les racines postérieures ou sensitives des nerfs rachidiens et de l'autre, conduit, de l'encéphale aux organes par les racines antérieures, les incitations du mouvement, l'Esprit excite les nerfs par une douce chaleur et tamise ses divines instructions.

Traduction qui se justifie de la manière suivante :

PREMIER QUATRAIN.

Estant	Εσομενα devant arriver ταντευθεν : τα les choses εντεῦθεν désormais
assis	συσταντα coordonnées αοσστατω de très près, avec soin
de	δεικνυμενα inspirées
nuict	νυκτι ικτεομενη la nuit arrivée
secret	κρητη par la puissance σεβσστη divine
estude.	εσταμενα arrêtées ὑδεω je chante
Seul	ὑλην la matière σηπουσαν réduite en putréfaction
reposé	ποσειδωνα Neptune, le maitre de la terre, l'eau, ρεοντα se subtilisant en vapeurs
sur	συρρηξιν le lavage
la	λαθωνος du laton ou de Latone
selle	σελγνη par la lune ou Diane λεγομενη lui succédant
d'airain	δκιουσα κια par le fixe brûlant ραδιουργα volatilisé ινκουσα puritiant
Flambe	φλεγματι par la chaleur ardente αμθησαντι croissante
exigue	γνρν la terre εξηγμαζοντα desséchant
sortant	ταντος pour τα εντος les choses intérieures σοξου du vase
de	δεουσαν fixant
solitude	σολον le disque du soleil ιτεμενον levé ὑδεω je chante.
Fait	φαντεον pour éclairer ιτεοντες ceux qui font le pèlerinage de la vie
proférer	προσημαζω je vais dire à l'avance ρερυπωμενοντα ce qui devant être putréfié
qui	κυισκον portant en son sein
n'est	νεοντα le volatil, εσταμενον le fixe
à	αυκνεται sera desséché
croire	κροκη en pierre ιερου de l'art sacré
vain.	ὑδωρ le volatil ινκοθεν ayant été purifié ουοντι par le fixe.

DEUXIÈME QUATRAIN.

La	λαθων recevant
verge	ὑδωρ la rosée céleste ερσον arrosant γην la terre
en	εν en
main	μαιναδι proie aux transports de l'inspiration

mise	μισέων plein de haine
au	αυ contre
milieu	μιαρους les profanateurs, λυοντες les destructeurs ευοντες les incendiaires
de	δεοντες voulant tarir
branches	βρυσιν la source jaillissante χασματων des paroles ανω d'en haut, célestes
De	δεω je vais fixer
l'onde	λινω sur le papier οντα les réalités δεοντα arrêtées
il	ιλλων enveloppant
moulle	μογω sous la confection υλης de la matière λιας pierre
et le	ετακων disolvant λιαν la pierre
limbe	λυμβω en volatil.
et le	ετακων fixant λιαν la pierre
pied	πιεζων en la séchant
Un	ινις une petite
peur	πηγη source, jet υρος de feu
et	εταιρα amie, douce
voix	υδωρ eau οιξον s'ouvrant, c'est-à-dire subtile
frémissent	φρεσηται est apportée εντος dans μυες les muscles
par	παρα par
les	ληριν l'Esprit
manches	χησομενον devant ouvrir μενον l'intelligence
Splendeur	σπλαγχνοις par les viscères Δευρας du dos
divine	διυπηρετουμενοις servant ινες les nerfs
le	λησις l'esprit
divin	διυπνιζει excite, met en mouvement ινες les nerfs
près	πρησων échauffant
s'assied.	σασας de σηθω tamisant σιους les divines εδχοντους ins-tructions.

DE PLUS CETTE TRADUCTION PEUT SE SIGNER :

Monnier Pierre-Aristide de Notredame du Frêne.

Monnier	μονος seul νυσσων annonçant εραν la terre
Pierre	πιουσαν buvant ηραν la rosée ρεουσαν coulant avec abon-dance.
Aristide	ὁης fils αριστου du très méritant
de	δεοραντου pour θεοραντου manifesté de Dieu

| Notredame du Frêne. | δαμάζοντος domptant, fixant νοτίδα la vapeur humide
ρέουσαν se répandant, le volatil
δυνάμενος ayant la faculté
νεκρεγείρειν de faire revivre, ressusciter le mort φενι en esprit. |

Le poëme des Centuries est une allégorie *Greco-hermétique* qui sous ce triple voile cache les secrets de la miséricorde et de la justice divines. C'est presque une banalité de le répéter encore après l'avoir établi avec tant d'insistance dans mes publications de 1872 et de 1878, mais il ne sera pas dit que j'aie rien négligé pour initier mes lecteurs au secret qui m'a été révélé. Ce secret étant un don de Dieu, il doit être mis dans la catégorie des talents que Dieu confie et que l'on ne doit pas enfouir.

L'allégorie (du grec αλληγορία), est une figure du discours qui consiste en une série de métaphores ou en une seule métaphore prolongée, qui présente un sens caché sous une figure, qui dit une chose et en signifie une autre.

Les paroles de M. de Notredame, pas plus que celles des autres philosophes, ne doivent jamais être prises à la lettre. Tous leurs termes ont double entente et ils affectent d'employer ceux qui sont équivoques; s'ils font usage des termes connus et usités dans le langage ordinaire, plus ce qu'ils disent parait simple, clair et naturel, plus il faut y soupçonner de l'artifice. *Timeo Danaos et dona ferentes.* Dans les endroits au contraire, où ils paraissent embrouillés, enveloppés et presque inintelligibles, c'est ce qu'il faut étudier avec plus d'attention. La vérité y est cachée.

Le quatrain 2 de la 1re cent. expliqué plus haut justifie cette assertion, en levant les premiers voiles. En effet, ce texte français d'apparence, présentant un sens de *marque*, sens dit *précurseur*, est surtout un texte grec qu'il faut s'attacher à fouiller et à traduire au moyen des racines grecques.

1° Coup d'œil sur l'art hermétique.

Les opérations de l'art hermétique sont modelées sur les opérations de la nature. Les philosophes suivent pas à pas cette dernière.

La nature a trois instruments ou manières d'opérer pour parfaire ses ouvrages, la *sublimation*, la *descension* et la *coction*.

Par la première elle évacue l'humidité superflue qui suffoquerait le feu et empêcherait son action dans la terre sa matrice.

Par la descension, elle rend à la terre l'humidité dont les végétaux ou la chaleur l'ont privée.

La sublimation se fait par l'élévation des vapeurs dans l'air où elles se condensent en nuages; la seconde se fait par la pluie et la rosée. Le beau temps succède à la pluie et la pluie au beau temps à l'alternative; une pluie continuelle inonderait tout ; un beau temps perpétué dessécherait tout. La pluie tombe goutte à goutte parce que versée trop abondamment, elle perdrait tout, comme un jardinier qui arroserait ses graines à pleins seaux. C'est ainsi que la nature distribue ses bienfaits avec poids, mesure et proportion.

La coction est une digestion de l'humeur crue instillée dans le sein de la terre, une maturation et une conversion de cette humeur en aliment au moyen de son feu secret.

Ces trois opérations sont tellement liées ensemble que la fin de l'une est le commencement de l'autre.

La sublimation a pour objet de convertir une chose pesante en une légère; une exhalaison en vapeur; d'atténuer le corps crasse et impur et de le dépouiller de ses féces; de faire prendre à ces vapeurs les vertus et les propriétés des choses supérieures et enfin de débarrasser la terre d'une humeur superflue qui empêcherait ses productions.

A peine ces vapeurs sont-elles sublimées, qu'elles se condensent en pluie et de spiritueuses et invisibles qu'elles étaient, elles deviennent, un instant après, un corps dense et aqueux, pour retomber sur la terre et l'imbiber du nectar céleste dont il a été imprégné pendant son séjour dans les airs. Sitôt que la terre l'a reçue, la nature travaille à le digérer et à le cuire.

Chaque animal, le plus petit vermisseau est un petit monde où toutes ces choses se font. Si l'homme cherche le monde hors de lui-même, il le trouvera partout. Le Créateur en a fabriqué une infinité de la même matière; la forme seule en est différente.

L'humilité donc convient parfaitement à l'homme et la gloire à Dieu seul. τῶ μὲν κλέος, ἄμμι δὲ πένθος. (Hom., Il., l. IV, vers 197.)

L'eau contient un ferment, un esprit vivifiant qui découle des natures supérieures sur les inférieures, dont elle s'est imprégnée en errant dans les airs et qu'elle dépose ensuite dans le sein de la terre. Ce ferment est une semence de vie sans laquelle l'homme, les animaux et les végétaux ne vivraient et n'engendreraient point. Tout respire dans la nature et l'homme ne vit pas de pain seul, mais de cet esprit aérien qu'il respire sans cesse.

Dieu seul et la nature son ministre, savent se faire obéir des éléments matériels principes des corps. L'art n'y saurait atteindre; mais les trois qui en résultent deviennent sensibles dans la résolution des mixtes. Les chimistes les nomment soufre, sel et mercure. Le mercure se forme par le mélange de l'eau et de la terre; le sel de l'air et de l'eau condensés; le soufre de la terre et de l'air. Le feu de la nature s'y joint comme principe formel. Le mercure est composé d'une terre grasse visqueuse et d'une eau limpide; le sel d'une eau crasse, pontique et d'un air cru qui s'y trouve embarrassé; le soufre, enfin, d'une terre très sèche, très subtile, mêlée avec l'humide de l'air.

Sans autre préambule, je pourrais, sans doute, *hic et nunc* renvoyer mes lecteurs à l'étude de ma clef publiée en 1872, et notamment au chapitre XXIII, page 377 et suivantes, puis à mes deux premiers fascicules de *Résurrection merveilleuse*, datés de 1878, ce serait un moyen de leur faire conquérir ainsi le mérite de quelques découvertes, mais craignant encore que la plupart manquent de temps et de courage, je vais pousser à leur égard la condescendance et la bonne volonté aux dernières limites.

Principes opératifs.

Au commencement, dit l'Écriture, il y avait un chaos confus duquel aucun individu n'était distingué; le globe terrestre était submergé dans les eaux; elles semblaient contenir le ciel et renfermer dans leur sein les semences de toutes choses. Il n'y avait point de lumière, tout était dans les ténèbres. A la première parole du Créateur, la lumière parut, elle les dissipa; à une autre parole, les astres furent placés au firmament.

L'œuvre philosophique est précisément la même chose. D'abord, c'est un chaos ténébreux; tout y paraît tellement confus qu'on ne peut rien distinguer séparément des principes qui composent la matière de la pierre. Le ciel des philosophes est plongé dans les eaux; les ténèbres en couvrent toute la surface La lumière enfin s'en sépare; la lune et le soleil se manifestent et viennent répandre la joie dans le cœur de l'artiste et la vie dans la matière.

Ce chaos consiste dans le sec et l'humide; le sec

constitue la terre : l'humide est l'eau : les ténèbres sont la couleur noire que les philosophes appellent le noir plus noir que le noir même (Saturne), c'est la nuit philosophique et les ténèbres palpables. La lumière dans la création du monde parut avant le soleil; c'est cette blancheur tant désirée de la matière qui succède à la couleur noire (Jupiter). Le soleil parait enfin de couleur orangée (lune-soleil), dont le rouge se fortifie peu à peu jusqu'à la couleur rouge, ce qui fait le complément du premier œuvre.

Ainsi d'abord, chaos, puis première infusion de la lumière, puis création des astres.

La séparation d'eau de la terre où l'air se trouva et le feu se répandit, n'est qu'un changement successif de la matière sous cette double forme; ce qui a fait dire aux philosophes que l'eau est tout le fondement de l'œuvre, sans laquelle la terre ne pouvait être dissoute, pourrie, préparée et que la terre est le corps où les éléments humides, se terminent, se congèlent et s'ensevelissent en quelque façon pour reprendre une plus noble vie.

Il se fait alors une circulation, dont le premier mouvement sublime la matière en la raréfiant; le second l'abaisse en la congélant et le tout se termine enfin en une espèce de repos ou plutôt un mouvement interne, une coction insensible de la matière.

La première roue de cette rotation d'éléments comme l'appelle d'Espagnet, consiste dans la réduction de la matière en eau, où la génération commence ; l'éclipse du soleil et de la lune se fait ensuite. La seconde est une évacuation de l'humidité superflue et une coagulation de la matière sous forme d'une terre visqueuse et métallique : la troisième roue opère la séparation et la rectification des substances ; les eaux se séparent des eaux. Tout se spiritualise ou se volatilise ; le soleil et la lune reprennent leur clarté, et la lumière commence à paraître sur la terre. La quatrième est la création du soufre.

Par la *première digestion*, dit d'Espagnet, le corps se dissout ; la conjonction du mâle et de la femelle et le mélange de leurs semences se font ; la putréfaction succède et les éléments se résolvent en une eau homogène. Le soleil et la lune s'éclipsent à la tête du dragon, et tout le monde enfin retourne et rentre dans le chaos antique et dans l'abîme ténébreux. Cette première digestion se fait, comme celle de l'estomac, par une chaleur pépantique et faible plus propre à la corruption qu'à la génération.

Dans la *seconde digestion*, l'esprit de Dieu est porté sur les eaux : la lumière commence à paraître et les eaux se séparent des eaux : la lune et le soleil reparaissent : les éléments ressortent du chaos pour constituer un nouveau monde, un nouveau ciel et une terre nouvelle. Les petits corbeaux changent de plumes et deviennent des colombes : l'aigle et le lion se réunissent par un lien indissoluble.

Cette régénération se fait par l'esprit igné qui

descend sous la forme d'eau pour laver la matière
de son péché originel et y porter la semence auri-
tique ; car l'eau des philosophes est un feu. Mais
donnez toute votre attention pour que la séparation
des eaux se fasse par poids et mesure, de crainte
que celles qui sont sous le ciel n'inondent la terre,
ou que s'élevant en trop grande quantité, elles ne
laissent la terre trop sèche et trop aride.

La *troisième digestion* fournit à la terre naissante un lait chaud et y infuse toutes les vertus
spirituelles d'une quintessence qui lie l'âme avec le
corps au moyen de l'esprit. La terre alors cache
un grand trésor dans son sein et devient premièrement semblable à la lune, puis au soleil : la première se nomme terre de la lune, la seconde terre
du soleil et sont nées pour être liées par un mariage indissoluble ; car l'une et l'autre ne craignent
plus les atteintes du feu.

La *quatrième digestion* achève tous les mystères
du monde ; la terre devient par son moyen un ferment précieux qui fermente tout en corps parfaits,
comme le levain change toute pâte en sa nature :
elle avait acquis cette propriété en devenant quintessence céleste. Sa vertu, émanée de l'esprit universel du monde, est une panacée ou médecine
universelle à toutes les maladies des créatures qui
peuvent être guéries. Le fourneau des philosophes
vous donnera ce miracle de l'art et de la nature, en
répétant les opérations du premier œuvre.

Tout le procédé philosophique consiste dans la
solution du corps et la congélation de l'esprit, et

tout se fait par une même opération. Le fixe et le volatil se mêlent intimement, mais cela ne peut se faire si le fixe n'est auparavant volatilisé. L'un et l'autre s'embrassent enfin et par la réduction, ils deviennent absolument fixes.

Les principes opératifs que l'on appelle aussi les *clefs de l'œuvre* ou les *régimes* sont donc au nombre de quatre :

Le premier est la *solution* ou *liquéfaction*; le second l'*ablution*; le troisième la *réduction*, et le quatrième la *fixation*.

1º Par la *solution*, les corps retournent en leur première matière et se réincrudent par la coction. Alors le mariage se fait entre le mâle et la femelle, et il en naît le corbeau. La pierre se résout en quatre éléments confondus ensemble : le ciel et la terre s'unissent pour mettre Saturne au monde.

J'ajoute comme éclaircissement : le premier degré de feu est celui du soleil en *hiver*, c'est pourquoi les philosophes disent qu'il faut commencer l'œuvre sur la fin de l'hiver.

Par ce premier degré de feu, Mercure dispose à la génération qui ne peut se faire sans corruption, et la corruption ne survient que par la putréfaction. Le Mercure dissout son corps, il se mortifie, la terre conçoit et change de nature.

Ce feu est appelé feu de *Perse*, c'est-à-dire de destruction ($\pi\epsilon\rho\sigma\iota\varsigma$); au moyen de ce feu on change la terre en eau.

On obtient la couleur noire, première couronne de perfection ;

2° *L'ablution* apprend à blanchir le corbeau et à faire naître Jupiter de Saturne : cela se fait par le changement du corps en esprit, ou par sa sublimation ou sa volatilisation.

J'ajoute le second degré de feu est celui d'Ariès ou du printemps, temps où le mercure prend la complexion chaude et humide de l'air; alors le soufre dessèche le mercure, il produit herbe et fleurs philosophiques, c'est-à-dire couleurs précédant le blanc et la blancheur, passage du noir au blanc-gris ou la couleur grise.

Ce feu a été appelé feu d'*Egypte*, d'αισσω, s'élancer; υπτιος, de bas en haut.

Au moyen de ce feu on change l'eau en air; l'eau fait sept révolutions ou circule par sept cercles.

Tout ce régime est le commencement de la blancheur, et donne naissance à Vénus la dorée, Diane la cornue et à la lune qui se manifeste d'abord par son croissant.

3°, 1° L'office de la *réduction* est de rendre au corps son esprit que la volatilisation lui avait enlevé et de le nourrir ensuite d'un lait spirituel en forme de rosée jusqu'à ce que le petit Jupiter ait acquis une force parfaite et soit fixé en pierre blanche.

J'ajoute : le troisième degré de feu est celui du mois de juin ou de l'*Été*. Ce degré fixe le mercure : sa chaleur est semblable à celle du soleil dans le signe du Lion.

Ce feu est appelé feu de l'Inde, c'est-à-dire ινων, puritiant, δεων fixant : c'est le feu de descension et de coction.

Par cette opération on change l'air en feu. L'air ayant succédé à l'eau, fait autant de circulations et de révolutions, jusqu'à ce qu'il soit fixé dans le bas et qu'après avoir chassé Saturne du trône, Jupiter prenne les rênes de l'empire. C'est à son avènement que l'enfant philosophique se forme et se nourrit : il paraît enfin au jour avec un visage blanc et beau comme celui de la lune.

On a obtenu ainsi la lune dans son plein, qui est la seconde couronne.

C'est alors que vient au monde le soleil. Apollon ou la couleur rouge.

1° La *fixation* définitive s'obtient au moyen du quatrième feu qui est celui du mois d'août ou de l'automne.

On continue le feu de coction jusqu'au rouge : le rouge digéré est si fixe qu'il ne craint plus le feu. Le Dragon possède alors toutes les vertus célestes et terrestres. Sous ce régime, l'artiste recueille tous les fruits de ses travaux : alors paraît la rougeur qui est la troisième couronne.

Infatigable à nettoyer le miroir de la vérité, je vais présenter un nouvel éclaircissement sur l'œuvre.

Choisissez un dragon rouge, courageux, qui n'ait rien perdu de sa force naturelle : ensuite sept ou neuf aigles vierges, hardis, dont les rayons du soleil ne soient pas capables d'éblouir les yeux : mettez-les avec le dragon dans une prison claire.

transparente, bien close, et par-dessus un bain chaud, pour les exciter au combat. Ils ne tarderont pas à en venir aux prises : le combat sera long et très pénible jusqu'au quarante-cinquième ou cinquantième jour, que les aigles commenceront à dévorer le dragon. Celui-ci, en mourant, infectera toute la prison de son sang corrompu et d'un venin très noir, à la violence duquel les aigles ne pouvant résister, expireront aussi. De la putréfaction de leurs cadavres naîtra un corbeau, qui élèvera peu à peu sa tête : et par l'augmentation du bain il déploiera ses ailes et commencera à voler ; le vent, les nuages l'emporteront çà et là : fatigué d'être ainsi tourmenté, il cherchera à s'échapper : ayez donc soin qu'il ne trouve aucune issue. Enfin lavé et blanchi par une pluie constante, de longue durée, et une rosée céleste, on le verra métamorphosé en cygne. La naissance du corbeau vous indiquera la mort du dragon.

Si vous êtes curieux de pousser jusqu'au rouge, ajoutez l'élément du feu qui manque à la blancheur : sans toucher ni remuer le vase, mais en fortifiant le feu par degrés, poussez son action sur la matière jusqu'à ce que l'*occulte devienne manifeste*, l'indice sera la couleur citrine. Gouvernez alors le feu du quatrième degré, toujours par les degrés requis, jusqu'à ce que, par l'aide de Vulcain, vous voyiez éclore des roses rouges qui se changeront en amaranthes, couleur de sang. Mais ne cessez de faire agir le feu par le feu, que vous ne voyiez le tout réduit en cendres très rouges et impalpables.

Signes démonstratifs.

Les couleurs qui surviennent à la matière philosophique pendant le cours des opérations de l'œuvre sont des signes démonstratifs qui font connaître à l'artiste qu'il a procédé de manière à réussir. Elles se succèdent immédiatement et par ordre. Il y a trois couleurs principales.

La première est la *noire*, appelée tête de corbeau et d'autres noms. Le commencement de cette noirceur indique que le feu de la nature commence à opérer et que la matière est en voie de solution; lorsque cette couleur noire est parfaite, la solution l'est aussi, et les éléments sont confondus. Le grain se pourrit pour se disposer à la génération. « Celui « qui ne noircira pas ne saurait blanchir, dit Arté- « phius; parce que la noirceur est le commence- « ment de la blancheur, et c'est la marque de la « putréfaction et de l'altération: voici comment cela « se fait : en la putréfaction qui se fait dans notre « eau, il paraît premièrement une noirceur qui res- « semble à du bouillon gras sur lequel on a jeté du « poivre. Cette liqueur s'étant ensuite épaissie, « devient comme une terre noire: elle se blanchit « en continuant de la cuire... et de même que la « chaleur agissant sur l'humide produit la noir- « ceur, laquelle est la première couleur qui paraît; « de même la chaleur continuant toujours son « action, elle produit la blancheur qui est la seconde « couleur principale de l'œuvre. »

Pendant cette putréfaction, le mâle philosophique
est confondu avec la femelle, de manière qu'ils ne
font qu'un seul et même corps que les philosophes
nomment hermaphrodite. C'est, dit « Flamel, l'an-
« drogyne des anciens, la tête du corbeau, et les
« éléments convertis. En cette façon, je te peins
« ici que tu as deux natures réconciliées qui peu-
« vent former un embryon en la matrice du vais-
« seau, et puis l'enfanter un Roi très puissant,
« invincible et incorruptible... Notre matière dans
« cet état est le serpent Python qui, ayant pris son
« être de la corruption de la terre, doit être mis à
« mort et vaincu par les flèches du dieu Apollon,
« par le blond Soleil; c'est-à-dire par notre feu
« égal à celui du soleil. Celui qui lave, ou plutôt
« ces lavements qu'il faut continuer avec l'autre
« moitié, ce sont les dents de ce serpent que le sage
« opérateur, le prudent Cadmus sèmera dans la
« même terre, d'où naîtront des soldats qui se dé-
« truiront eux-mêmes, se laissant résoudre en la
« même nature de terre ». C'est cette confection
appelée Rebis qu'il faut blanchir.

Le second signe démonstratif ou la deuxième
couleur principale est le *blanc*. Hermès dit : sachez,
fils de la science, que le vautour crie du haut de la
montagne : je suis le blanc du noir; parce que la
blancheur succède à la noirceur. Morien appelle
cette blancheur la fumée blanche. Alphidius nous
apprend que cette matière ou cette fumée blanche
est la racine de l'art et l'argent vif des Sages contenant le soufre blanc et rouge mêlés ensemble.

Artéphius dit que la blancheur vient de ce que l'âme du corps surnage au-dessus de l'eau comme une crème blanche et que les esprits s'unissent alors si fortement qu'ils ne peuvent plus s'enfuir. parce qu'ils ont perdu leur volatilité. Le grand secret est donc de blanchir le Laton. Cette blancheur est la pierre parfaite au blanc. Les esprits volatils auparavant sont alors fixes. Le nouveau corps ressuscite beau, blanc. immortel. victorieux. C'est pourquoi on l'a appelé résurrection. lumière. jour. etc.

Flamel a représenté cette couleur dans ses figures hiéroglyphiques. par une femme environnée d'un rouleau blanc. Le signe de la première partie de la blancheur est quand l'on voit un certain petit cercle capillaire, c'est-à-dire passant sur la tête. qui apparaîtra à l'entour de la matière. aux côtés du vaisseau. en couleur tirant sur l'orangé.

Les philosophes. dit Flamel. ont aussi représenté cette blancheur sous la figure d'une épée brillante.

Comme le noir et le blanc sont. pour ainsi dire. deux extrêmes. et que deux extrêmes ne peuvent s'unir que par un milieu, la matière. en quittant la couleur noire. ne devient pas blanche tout à coup : la couleur *grise* se trouve intermédiaire parce qu'elle participe des deux.

Les philosophes lui ont donné le nom de Jupiter parce qu'elle succède au noir qu'ils ont appelé Saturne.

Enfin la troisième couleur principale est le *rouge* ; elle est le complément et la perfection de la pierre.

On obtient cette rougeur par la seule continuation de la cuisson de la matière.

Les trois couleurs noire, blanche et rouge doivent nécessairement se succéder dans l'ordre que nous les avons décrites, mais elles ne sont pas les seules qui se manifestent. Elles indiquent les changements essentiels qui surviennent à la matière au lieu que les autres couleurs presque infinies et semblables à celles de l'arc-en-ciel ne sont que passagères et d'une durée très courte. Ce sont des espèces de vapeurs qui affectent plutôt l'air que la terre, qui se chassent les unes les autres et qui se dissipent pour faire place aux trois principales dont nous avons parlé.

Avant que la couleur noire paraisse, la céleste ou *bleuâtre jaunâtre* se manifeste, c'est comme une première apparition d'*Iris*. La couleur noire est appelée Saturne.

Avant de quitter le noir la matière reprend encore les couleurs variées d'*Iris*; cette couleur annonce la naissance de Jupiter ou la couleur grise. la couleur queue-de-paon, arc-en-ciel ou iris est affectée à Mercure.

La couleur *blanche* ou *argent* est appelée Lune ou Diane.

La couleur *jaune*, *citrine*, *jaune-safrané* ou cuivre est appelée Vénus.

La couleur de *rouille*, rougeâtre ou fer appelée Mars.

Enfin la *couleur d'or*, de pourpre ou tyrienne. appelée Soleil, Apollon.

Mes lecteurs ne devront pas oublier qu'en général tout ce qui, dans les allégories, porte le nom de femme, fille ou nymphe peut être expliqué de l'eau mercurielle volatile avant ou après la fixation: et tout ce qui a le caractère d'homme doit s'entendre de la partie fixe qui s'unit, travaille, se volatilise avec les parties volatiles et se fixe enfin avec elles; que les enlèvements, les rapts, etc., sont la volatilisation; les mariages et les conjonctions de mâles et de femelles sont la réunion des parties fixes avec les volatiles; le résultat de ces réunions sont les enfants; la mort des femmes signifie communément la fixation; celle des hommes la dissolution du fixe. Le Mercure des philosophes est très souvent le héros de l'allégorie, mais alors l'auteur de la métaphore a eu égard à ses propriétés, à sa vertu résolutive quant à ses parties volatiles (volatilité qui lui a fait donner des ailes et le fait comparer à des oiseaux, colombe, hobereau, autour, milan) et enfin à son principe coagulant quand il s'agit de fixer par les opérations, alors c'est un hercule, etc., etc.

2° Argument nouveau et décisif.

Dans mes précédentes publications, je me suis efforcé d'établir que les prophéties de M. de Notredame étaient écrites dans le langage symbolique employé par les poètes et les philosophes anciens, de même que par saint Jean, les apôtres et les auteurs sacrés. J'ai dit que le Saint-Esprit, l'esprit créateur, au moyen de l'eau et du feu, opérait ses créations et transformait le monde dans toutes les régénérations ; je vois son action, son œuvre dans la création du monde, dans la nature, dans l'homme, dans l'animal, le végétal, le minéral, dans la régénération de l'homme par Jésus-Christ, et je vois encore cette action dans la régénération de la France par Henri V. Sa méthode est tracée à grands traits dans tous les prophètes, et il faudra bien la reconnaître dans M. de Notredame. Le langage de ce dernier est identique à celui d'Isaïe qui, de 803 à 723 avant Jésus-Christ, annonçait la destinée des Juifs et l'avènement du Sauveur. Quoi d'étonnant ! Isaïe et M. de Notredame écrivaient tous deux sous la dictée de l'Esprit-Saint. L'œuvre hermétique n'est qu'une figure, une allégorie de l'œuvre de l'Esprit-Saint ; ouvrons Isaïe, prophète canonique, et nous verrons successivement passer sous nos yeux le Saint-Esprit, son œuvre, M. de Notredame, le traducteur, le typhon révolutionnaire et la restauration du trône et de l'autel. Quelques notes feront toucher du doigt la vérité de mon assertion. Isaïe servira au traducteur et au lecteur pour comprendre et admirer l'œuvre de l'Esprit-Saint.

CHAPITRE XXIX.   TRADUCTION J.-B. GLAIVE.

Désolation de Jérusalem et de la Judée. — Défaite des ennemis. — Rétablissement des enfants de Juda.

1° Malheur à Ariel, Ariel, cité qu'a prise d'assaut David ; une armée s'est jointe à une armée ; des solennités se sont écoulées.

2° Et j'environnerai Ariel de tranchées ; et elle sera triste, affligée, et elle sera pour moi comme Ariel.

3° Et je ferai comme un cercle tout autour de toi, et je poserai un rempart contre toi : et je placerai des fortifications pour ton siège.

1° *Ariel* en grec αριηλ équivaut à ηλιος soleil, lumière αριστος excellent, par excellence. Cette ville était appelée ainsi, à cause des faveurs dont Dieu la comblait, ce qui la faisait briller entre toutes. Elle appartenait à la tribu de Juda où se perpétuaient la royauté et le sacerdoce se donnant la main et devant servir comme de type aux gouvernements humains.

Substituez à Ariel une des belles villes de France et la prophétie va être éclarée d'une splendide lumière. La nation française catholique et monarchique par excellence a été gratifiée de la Maison de Bourbon qui perpétue dans l'idée du peuple chrétien la lignée de la Maison de David et semble faire revivre la lumière de Juda dans la succession de ses rois légitimes. Paris ν; matière noire puante παραλωτεα à fixer est sa capitale comme Jérusalem était la capitale de la Judée (σαλεω matière agitée εμόυτεα à fixer ιερα υδατι par l'eau sacrée ou du ciel).

3° La matière est introduite dans le vase pour l'œuvre qui commence. Le prophète l'entoure de fortifications.

4° Tu seras humiliée, c'est du sein de la terre que tu parleras et de la poussière que sera entendue ta parole ; et sortant de la terre, ta voix sera comme celle d'un Python et de la poussière ta parole ne rendra qu'un faible son.

5° Et sera comme la poudre menue la multitude de ceux qui t'ont agitée, et comme la cendre brûlante qui se dissipe la multitude de ceux qui contre toi ont prévalu.

6° Et ce sera soudain, sur-le-champ. Et par le Seigneur des armées elle sera visitée au milieu d'un tonnerre et d'un tremblement de terre, et de la grande voix d'un tourbillon et d'une tempête, et de la flamme d'un feu dévorant.

7° Et sera comme le songe d'une vision nocturne la multitude de toutes les nations qui ont combattu contre Ariel, et il en sera ainsi de tous ceux qui lui

---

4° *Python* ou Typhon serpent né de la corruption du limon de la terre, génie du mal ou de la Révolution, ennemi de Dieu, qui doit être vaincu par les flèches du Dieu Apollon, les rayons de la lumière divine. Avec son aquosité corrompante et putréfactive et son adustibilité corrosive, Typhon feu tyrannique et destructeur après avoir fait mourir Osiris (Louis XVI) a submergé son fils Horus (Henri V) mais celui-ci après avoir été dissous et devenu noir (mort politique) passera de la noirceur à la blancheur appelée résurrection et vie. Se reporter à ma clef 1872, articles : Osiris, Horus et Typhon.

5°, 6° Pendant la putréfaction, les matières se changent d'abord en poudre et cendre qui montent en vapeurs pour redescendre après condensation en pluie, grêle, foudre, tempête. C'est la sublimation et descension. (Voir les principes opératifs du grand œuvre.

ont fait la guerre et l'ont assiégée et ont prévalu contre elle.

8° Et comme celui qui a faim songe qu'il mange, mais lorsqu'il est réveillé son âme se trouve vide, et comme celui qui a soif songe qu'il boit, mais après qu'il est réveillé il est las et a encore soif, et son âme est vide : ainsi sera la multitude de toutes ces nations qui ont combattu contre la montagne de Sion.

9° Soyez frappés de stupeur et admirez, soyez flottants et vacillants : enivrez-vous, mais non de vin : chancelez, mais non par l'ivresse.

10° Parce que le Seigneur a répandu sur vous un esprit d'assoupissement, il fermera vos yeux ;

8° De même que l'âme en état de péché mortel devient comme morte par la retraite de l'Esprit-Saint, source de la grâce et de la vie spirituelles, la matière hermétique étant arrivée par le feu de Perse ou de destruction en état de mort, de putréfaction, par l'ablution, sublimation ou volatilisation voit son corps se changer en esprit et par la réduction voit l'esprit rendu au corps. Pour avoir complète explication, se reporter à clef 1872, page 94, puis au premier fascicule de résurrection, page 45.

Sion du grec σιος pour θεος Dieu ou pour ωναξ ο αναξ le roi. Sion de Juda ιω pour ιω Dieu ξαων enseignant. Les Juifs étaient de la race de Sem chargée d'enseigner la science du vrai Dieu communiquée à l'univers par la voie du christianisme était une montagne célèbre dans la ville de Jérusalem où était bâti le temple du Seigneur et où se trouvait aussi le palais de David et de ses successeurs. La royauté véritable et la religion se donnent la main.

9° Esprit d'assoupissement de vertige et d'aveuglement spirituel, la mort spirituelle.

— 44 —

vos prophètes et vos princes qui voient des visions,
il mettra sur eux un voile.

11° Et la vision d'eux tous sera pour vous comme
le livre scellé ; lorsqu'on le donnera à un homme
qui sait lire, on dira : lis ce livre, et il répondra : je
ne puis, car il est scellé.

12° Et on donnera ce livre à un homme qui ne
sait pas lire et on lui dira : lis ; et il répondra : je
ne sais pas lire.

13° Et a dit le Seigneur : parce que ce peuple
s'approche de moi par sa bouche et me glorifie par
ses lèvres, mais que son cœur est loin de moi, et
qu'ils m'ont craint par le commandement et les enseignements des hommes.

11°, 12° Dans la Vulgate on lit : *Quem cum dederint scienti litte-
ras.* Le prophète marque dans les deux versets que les oracles
de Dieu seront cachés aux savants et aux ignorants, les
premiers parce qu'ils ne pourront lire, les seconds parce qu'ils
ne sauront pas lire.

Lettres vient du grec λύτης ministre de Dieu, prophète, τρέω,
τρέσις ouverture, agitation : συμβαίνον résultat, c'est-à-dire résultat de l'agitation des prêtres.

Ce passage se rapporte à la prophétie ayant un sceau que
le traducteur lève.

13° Ils m'ont craint, c'est-à-dire ils m'ont adoré, ils m'ont
rendu un culte fondé non sur ma loi et sur mes préceptes,
mais sur des traditions purement humaines.

Ce que la société humaine avait de meilleur dans ses lois
et ses institutions a été puisé dans les lois révélées de Moïse
et de Jésus-Christ. *In eo vivimus, movemur et sumus.* La Révolution en bannissant Dieu des sciences, des lois, des mœurs, du
mariage, de l'enseignement et du pouvoir a ébranlé les
colonnes de la société. Elle a cependant retenu le mot loi en
travestissant ses meilleures dispositions afin d'exercer mieux
son pouvoir tyrannique et détesté.

14° C'est pour cela, voici que moi j'exciterai encore l'admiration de ce peuple par un miracle grand et étonnant; car la sagesse périra du milieu des Sages, et l'intelligence des prudents sera obscurcie.

15° Malheur à vous qui êtes impénétrable de cœur, afin que vous cachiez au Seigneur un dessein: leurs œuvres sont dans les ténèbres et ils disent : qui nous voit et qui nous connait?

16° Elle est perverse cette pensée que vous avez : comme si l'argile se révoltait contre le potier et lui disait : tu ne m'as pas fait : et comme si l'œuvre disait à celui qui l'a façonnée : tu ne comprends pas.

17° Encore un peu de temps et le Liban ne sera-t-il pas bientôt converti en Carmel, et le Carmel ne sera-t-il pas réputé pour la forêt.

18° Et en ce jour là les sourds entendront les paroles d'un livre et, affranchis des ténèbres et de l'obscurité, les yeux des aveugles verront.

19° Et les hommes doux ajouteront à leur joie dans le Seigneur, les hommes pauvres exulteront dans le saint d'Israël.

15° Le dessein est d'avoir recours à l'Égypte, à sa cavalerie d'Égypte : αισσων s'élançant νπτος de bas en haut. — Cavalerie : χαλον brûlant υαλω comme du verre ρυατι coulant : à la force du Typhon, feu destructeur faisant la guerre à Dieu.

17° Le Liban sera converti en Carmel (Liban : λεβ la pierre qui distille δαν de δανω fondue, dissoute, sera convertie en carmel : χαρα tête μελανα noire et la tête noire en forêt, c'est-à-dire en matière en putréfaction, en laiton qu'il faut blanchir et c'est alors que l'on commencera à lire et à apprécier le livre du traducteur de la prophétie.

20° Parce qu'il a disparu celui qui prévalait et qu'il a été détruit le railleur, et qu'ils ont été retranchés ceux qui veillaient pour l'iniquité.

21° Qui faisaient pécher les hommes par leur parole, qui à la porte tendaient des piéges à celui qui les réfutait et sans motif s'éloignaient du juste.

22° A cause de cela, voici ce que dit à la maison de Jacob le Seigneur qui a racheté Abraham : Jacob ne sera plus confondu et son visage ne rougira plus.

23° Mais lorsqu'il verra ses fils, ouvrage de mes mains, sanctifiant au milieu de lui mon nom, ils sanctifieront ensemble le saint de Jacob et annonceront le Dieu d'Israël

24° Et ceux qui étaient égarés d'esprit recevront l'intelligence et les murmurateurs apprendront la loi.

CHAPITRE XXX

Vaine confiance de la Judée dans le secours de l'Egypte. — Rétablissement de Juda. — Défaite de ses ennemis.

1° Malheur à vous, fils déserteurs, dit le Seigneur, de ce que vous formez des desseins et non

---

21° *A la porte* de la ville où se tenaient les assemblées et où se rendaient les jugements.

22°. 23° *Jacob* équivalant à *supplantator* d'après les commentateurs vient de deux mots grecs κόψυσας ayant dupé, ayant enlevé ισ pour lui seul la bénédiction de son père Isaac, après avoir acheté le droit d'aînesse d'Esaü. — *Abraham* du grec ηβάων fort, en âge de puberté βα pour βαέος doux αμα ensemble, réunis, fixe et volatil. — *Israël* du grec ις fort et βαέος doux ἐλ, τὸ Dieu feu et eau, fixe et volatil.

par moi, et que vous ourdissez une trame et non par mon esprit, afin d'ajouter péché à péché.

2° Vous qui marchez pour descendre en Egypte, et vous n'avez pas interrogé ma bouche, espérant du secours de la force de Pharaon et ayant confiance dans l'ombre de l'Egypte.

3° Et la force de Pharaon vous sera à confusion et la confiance dans l'ombre de l'Egypte à ignominie.

4° Car tes princes étaient à Tanis et tes messagers sont parvenus jusqu'à Hanès.

5° Tous ont été confondus à la vue d'un peuple qui ne pouvait leur être utile; ils ne leur ont pas été à secours et à quelque utilité, mais à confusion et à opprobre.

6° Malheur accablant des bêtes du Midi. Elles vont dans une terre de tribulation et d'angoisse, d'où sortent la lionne et le lion, la vipère et le ba-

---

2° *Ma bouche.* Les ordres, les oracles sortis de ma bouche.

3° *Pharaon,* du grec φαιός noir φαεός volatil ων pour ωναξ pour ο αναξ roi, c'est-à-dire roi d'Egypte.

Ombre a été interprétée : par protection, secours mais ὄμβρος en grec signifie pluie. — Cette vapeur humide, obscure, sera percée, détruite par le Dieu lumière.

4° *Tanis* du grec ις la matière noire ταννον s'allongeant en haut. — Tanis, ville située à l'embouchure du Nil, renfermait le palais du Pharaon.

Hanès du grec ανησον amolli par les délices du climat, ville située dans le midi de l'Egypte, touchant l'Éthiopie.

6° *Malheur accablant des bêtes du Midi* signifie : prophétie de malheur pour l'Egypte située au midi de la Judée. Les bêtes, le gros troupeau se compose des bœufs, des ânes et des chevaux *pecora* symbolisent les gens livrés aux voluptés silie volant; ils portent sur les épaules des ânes leurs richesses, et sur la bosse des chameaux leurs trésors à un peuple qui ne pourra pas leur être utile.

7° Car inutilement et vainement l'Egypte les secourra; voilà pourquoi j'ai crié à ce sujet : c'est de l'orgueil seulement, reste en repos.

8° Maintenant donc entre, écris cela pour lui sur le bois et dans un livre grave-le soigneusement et il sera au dernier jour en témoignage à jamais.

---

du siècle, aux instincts matériels. — Midi du grec μαρρους profanateurs ἁεῦ des choses sacrées. — Des commentateurs ont dit que ces bêtes désignaient les habitants de Babylone du grec Βαβράζων criant ὑλη matière ὄνος comme un âne ou οναγρι se réjouissant comme qui dirait : ville en orgie, monde ennemi de Jésus-Christ.

Terre de tribulation et d'angoisse. L'Egypte αισσων s'élançant ὑπτιος de bas en haut, état de la matière en volatilisation, moment où la lumière et le feu agissant vont dissiper les ténèbres, faisant la séparation du pur et de l'impur. Tribulations et angoisses de la matière livrée à la justice de Dieu qui se manifeste.

D'où sortent la lionne, le lion, la vipère et le basilic. Lionne, du grec ον étant λυσας dissous νεων nageant. *Lion* λύων dissolvant. *Vipère* de υε ἑρπουσα matière noire, brûlante περωντα à percer par la lumière, qui doit être détruite. — *Basilic* Βασιλευων régnant, ὑπαγω par le vertige qu'il donne, fascinant par le regard.

Anes et *chameaux. Anes* pour asnes du grec νος botte νεουσα nageant. — *Chameaux* du grec χαμαι de terre χυθνων s'élevant, se sublimant. Le nom de chameau est admirablement tiré de ses habitudes, il se baisse à terre pour qu'on le charge et il se relève ensuite.

8° *Écrire cela sur le bois, in libro : liber,* écorce : parce que les anciens qui n'avaient pas encore l'usage de notre papier se servaient de la tunique intérieure de l'écorce des arbres

9° Car c'est un peuple provoquant au courroux et ce sont des fils menteurs, des fils qui ne veulent pas entendre la loi de Dieu.

10° Qui disent à ceux qui voient : ne voyez pas ; et à ceux qui regardent : ne regardez pas pour nous des choses qui sont justes ; dites-nous des choses qui nous plaisent, voyez pour nous des erreurs.

11° Eloignez de moi cette voie, détournez de moi ce sentier ; qu'il disparaisse de notre face le saint d'Israël.

12° A cause de cela voici ce que dit le saint d'Israël : parce que vous avez rejeté cette parole et que vous avez espéré dans la calomnie et dans le tumulte. et que vous y avez mis votre appui.

13° A cause de cela cette iniquité sera pour vous comme une brèche qui menace ruine et qui est recherchée dans un mur élevé parce que tout à coup tandis qu'on ne s'y attend pas, vient son écroulement.

---

pour écrire dessus. Le mot *liber* signifie proprement une écorce déliée qui peut se partager en plusieurs feuilles minces comme de petites peaux telles qu'était le papier. *papyrus.* dont on se servait en Égypte. Quoiqu'on ait inventé plusieurs sortes de papiers pour écrire. le même mot *liber,* est toujours demeuré pour signifier toutes sortes de volumes ou papier où l'on écrit. Les écrits des prophètes s'appellent livres. Le mot *liber* confine à *lignum.* et *lignum vitæ* signifie bois qui donne la vie de l'âme et la satisfaction de l'esprit.

10° *Ceux qui voient, ceux qui regardent.* C'est-à-dire les voyants, ceux qui ont des visions prophétiques. les prophètes.

13° *Qui est recherchée,* par l'ennemi, à qui en effet. elle offre un moyen d'entrer dans la ville. (Job, xxx, 14.)

14° Et elle sera mise en pièces comme on brise d'un brisement très fort un vase de potier; et on ne trouvera pas parmi des fragments un têt dans lequel on puisse porter un peu de feu pris d'un incendie ou puiser un peu d'eau à une fosse.

15° Parce que voici ce que dit le Seigneur Dieu, le saint d'Israël : si vous revenez et vous tenez en repos vous serez sauvés : dans le silence et dans l'espérance sera votre force, et vous n'avez pas voulu.

16° Et vous avez dit : pas du tout; mais nous fuirons vers des chevaux; c'est pour cela que vous fuirez, et nous monterons sur de rapides coursiers : c'est pour cela que plus rapides seront ceux qui vous poursuivront.

17° Vous fuirez au nombre de mille hommes par la terreur d'un seul et tous par la terreur de cinq, jusqu'à ce que vous soyez laissés comme un mât de vaisseau sur une cime de montagne et comme un étendard sur une colline.

18° A cause de cela le Seigneur attend, afin d'avoir pitié de vous; et pour cela il sera exalté en vous épargnant; car c'est un Dieu de justice que le Seigneur; bienheureux ceux qui l'attendent.

19° Car le peuple de Sion habitera dans Jérusalem; pleurant, tu ne pleureras pas du tout: ayant pitié, il aura pitié de toi; à la voix de ton cri, dès qu'il entendra, il te répondra.

16° Vers des *chevaux* χεουτα la terre en fusion αυξχνουτα se sublimant; la cavalerie des Egyptiens du chap. xxiv, vers. 15.

20° Et le Seigneur vous donnera un pain restreint et une eau peu abondante ; et il ne fera pas que celui qui t'instruit s'en aille loin de toi ; et tes yeux verront ton maître.

21° Et tes oreilles entendront la voix de celui qui derrière toi t'avertira ; voici la voie, marchez-y et ne vous détournez ni à droite, ni à gauche.

22° Et tu regarderas comme choses souillées les lames d'argent de tes images taillées au ciseau et le vêtement de ta statue d'or jetée en fonte, et tu les rejetteras comme un linge souillé. Sors, lui diras-tu.

23° Et la pluie sera accordée à ta semence, partout où tu auras semé sur la terre, et le pain produit des grains de la terre sera très abondant et gras ; dans ta possession en ce jour-là l'agneau paîtra spacieusement.

24° Et tes taureaux et les petits des ânes qui labourent la terre mangeront les grains mêlés ensemble, comme dans l'aire ils auront été vannés.

25° Et il y aura sur toute haute montagne et sur toute colline élevée, des ruisseaux d'eau courantes, au jour où beaucoup auront été tués et lorsque seront tombées les tours.

20° *Famine.* Le traducteur du prophète ne s'éloignera pas pour la consolation des amis de Dieu manifestant sa présence.

22° *Linge souillé.* Ce mot représente le mot Pannon employé par M. de Notre-dame, pour linge à laver, le latin πανος pour πανος lumière νω·υρος obscurcie.

26° Et sera la lumière de la lune comme la lumière du soleil, et la lumière du soleil sera ceptuplée, égale à la lumière de sept jours, au jour où le Seigneur aura lié la blessure de son peuple et guéri le coup de sa plaie.

27° Voici que le nom du Seigneur vient de loin ; ardente est sa fureur et lourde à porter ; ses lèvres sont pleines d'indignation, sa langue est comme un feu dévorant.

28° Son souffle est un torrent débordé, qui atteint jusqu'au milieu du cou, pour réduire des nations au néant et briser le frein d'erreur qui était aux mâchoires des peuples.

29° Vous chanterez comme dans la nuit d'une sainte solennité et la joie de votre cœur sera comme la joie de celui qui va avec la flûte, afin de se présenter sur la montagne du Seigneur au fort d'Israël.

30° Et le Seigneur fera entendre la majesté de sa voix et il montrera la terreur de son bras dans une menace de fureur et dans la flamme d'un feu dévorant ; il brisera par un tourbillon et par des pierres de grêle.

26° Ce verset annonce la matière qui se fixe, d'abord en lune. Diane et en soleil, Apollon. La matière purifiée brille. C'est le lis contenant l'or de ses étamines dans l'argent de sa corolle. Dans ce moment a lieu la coction, la terre produit ses fruits.

29° *Dans la nuit d'une sainte solennité.* Nuit du 12 au 13 avril 1884. Nuit de Pâques. — Passage sacré quand on fera la feste. (viii,72.)

31º Car à la voix du Seigneur Assur tremblera d'effroi, frappé de sa verge.

32º Et le passage de la verge sera affermi ; le Seigneur la fera reposer sur lui au milieu des tambours et des harpes, et dans des guerres considérables, il les vaincra.

33º Car Topheth est préparée depuis hier, par le roi, préparée profonde et étendue. Ses aliments sont du feu et beaucoup de bois ; le souffle du Seigneur comme un torrent de soufre l'embrase.

CHAPITRE XXXI

Vaine confiance de la Judée dans le secours de l'Egypte. — Délivrance de Jérusalem. — Défaite de ses ennemis

1º Malheur à ceux qui descendent en Egypte pour y chercher du secours, qui espèrent dans des che-

---

31º *Assur*, du grec ασιος boueux, sorte de limon, terre en putréfaction — συργαστηρ serpent.

Verge, du grec υδωρ la pluie ερσον arrosant γην la terre.

33º *Topheth*, du grec τοψιων carrière, étang, αιτνη, Ethna δ'αιθω feu ναιος liquide, ainsi appelé, dit Isidore, du feu et du soufre qu'il produit. Topheth était une vallée agréable, près de Jérusalem, où les Juifs faisaient des sacrifices à Moloch ou à Baal. Josias le remplit de corps morts, afin de le rendre souillé. (IV Reg., xxiii. 10.) Jérémie prédit que ce lieu ne serait plus appelé Topheth, mais vallée de Carnage, à cause du grand nombre de Juifs qui devaient y être tués par les Chaldéens. (Jérémie, VII, XXXI, chap. xix, v. 6, 11, 12, 13.) Une particularité digne de remarque, c'est qu'en hébreu, Toph, équivaut à Typanum, parce que les prêtres battaient des tambours afin que ce grand bruit empêchât les parents d'entendre les cris de l'enfant qui était consumé par le feu entre les bras de Moloch.

vaux et qui ont confiance dans ses quadriges, parce qu'ils sont nombreux et dans des cavaliers parce qu'ils sont très forts, et qui ne se sont pas confiés au saint d'Israël et n'ont pas recherché le Seigneur.

2° Mais lui-même sage a amené le malheur et n'a pas retiré ses paroles; et il s'élèvera contre la maison des méchants et contre le secours de ceux qui opèrent l'iniquité.

3° L'Egypte est un homme et non un Dieu; et leurs chevaux sont chair et non esprit; et le Seigneur inclinera sa main et l'auxiliaire sera renversé à terre et il tombera celui à qui est donné secours et tous ensemble seront détruits.

4° Parce que voici ce que me dit le Seigneur : comme si un lion et le petit d'un lion rugissent en se jetant sur leur proie et que coure contre eux une multitude de pasteurs ; ils ne s'effrayeront pas de leur voix et ne s'épouvanteront pas de leur multitude ; ainsi descendra le Seigneur des armées, afin de combattre sur la montagne de Sion et sur sa colline.

5° Comme des oiseaux qui volent au secours de leurs petits, ainsi le Seigneur des armées protégera Jérusalem ; la protégeant et la délivrant, passant et la sauvant.

6° Revenez, selon que vous étiez profondément éloignés, fils d'Israël.

7° Car en ce jour-là chacun rejettera ses idoles

7° *Chacun*. Traduction du mot latin *vir*, homme fort, puissant et juste, homme de cœur.

d'argent et ses idoles d'or, que vos mains vous ont faites pour le péché.

8° Et Assur tombera, par le glaive non d'un homme, et le glaive non d'un homme le dévorera et il fuira, non à la face du glaive, et ses jeunes hommes seront tributaires

9° Et sa force disparaîtra par la terreur et ses princes fuyant seront épouvantés, a dit le Seigneur dont le feu est dans Sion et le foyer dans Jérusalem.

CHAPITRE XXXII

Règne de Justice promis à Juda. — Désolation de la Judée. — Son rétablissement. — Ruine de ses ennemis.

1° Voici que dans la justice régnera un roi et que des princes gouverneront selon le droit.

2° Et chacun sera comme celui qui est à l'abri du vent, qui se cache à la tempête comme des ruisseaux d'eau dans la soif, comme l'ombre d'une pierre avancée dans une terre déserte.

3° Ils ne seront pas obscurcis les yeux qui verront, et les oreilles de ceux qui entendront écouteront attentivement.

8° *Glaive,* du grec γλαυσσων lumineuse υετος; pluie accompagnée de foudre.

9° *Prince,* du grec κειμενος établi πριν devant.

2° Tout homme fort et juste trouvera un abri contre l'adversité : l'eau vive du ciel viendra arroser son âme altérée : il lui sera donné un asile agréable contre les ardeurs du soleil.

3° *Ceux qui verront,* c'est-à-dire les voyants ou prophètes.

4° Et le cœur des insensés comprendra la science et la langue des bègues parlera vite et nettement. L'impie cessera d'être en honneur.

5° Il ne portera plus le nom de prince, celui qui manque de sagesse et le frauduleux ne sera pas appelé grand.

6° Car l'insensé dira des paroles extravagantes et son cœur commettra l'iniquité, afin de parfaire la simulation et de parler à Dieu frauduleusement, et de rendre vide l'âme de celui qui a faim et ôter le boire à celui qui a soif.

7° Les armes du frauduleux sont très cruelles, car c'est lui qui a combiné des pensées, pour perdre des hommes doux par un discours menteur, lorsque le pauvre parlait la justice.

8° Mais un prince pensera des choses qui sont dignes d'un prince et il se tiendra lui-même ferme au-dessus des chefs.

9° Femmes opulentes, levez-vous et entendez ma voix; filles confiantes, prêtez l'oreille à mes paroles.

10° Car après des jours et un an, vous serez troublées, vous confiantes; car la vendange est achevée, et la récolte ne viendra plus.

11° Soyez dans la stupeur, femmes opulentes. Soyez troublées, filles confiantes; dépouillez-vous et soyez couvertes de confusion et ceignez vos reins.

8° Il exercera son autorité d'une main ferme sur les ministres qu'il choisira pour diriger son peuple.

12° Pleurez sur des enfants à la mamelle, sur une contrée délicieuse, sur une vigne fertile.

13° Sur le sol de mon peuple monteront des épines et des ronces ; combien plus sur les maisons joyeuses d'une cité exultante !

14° La maison a été abandonnée, la multitude de la ville a été délaissée ; des ténèbres palpables se sont formées sur des cavernes pour jamais. La joie des onagres, ce sont les pâturages des troupeaux,

15° Jusqu'à ce que soit répandu sur nous, l'esprit du haut du ciel, et un désert sera converti en Carmel ; et le Carmel pour la forêt sera réputé.

16° Et le droit habitera dans la solitude et la justice dans le Carmel siégera ;

17° Et la paix sera l'ouvrage de la justice et l'observation de la justice le repos et la sécurité à jamais.

18° Mon peuple se reposera dans la beauté de la paix, dans des tabernacles de confiance et dans un repos opulent.

19° Mais la grêle descendra sur la forêt et d'humiliation sera humiliée la cité.

14° *Onagres quasi* ονος αγριος âne sauvage, *gaudium onagrorum*, les ânes sauvages se joueront dans les pâturages des troupeaux, c'est-à-dire que les lieux riches, fertiles, les villes opulentes seront ruinées et ne seront pas rétablies.

15° *Désert*, du grec δεω, δεσις fixe ηρτουσα δ'αιρω dissous, vaincu.

19° *La grêle descendra sur la forêt. In descensione*, dans la descension, la grêle matière coagulée et coagulante tombera sur la matière en putréfaction qu'il faut blanchir et fixer.

20° Bienheureux vous qui semez sur toutes les eaux, y envoyant le pied du bœuf et de l'âne.

CHAPITRE XXXIII

Ruine des ennemis de Juda. — Délivrance du peuple. — Gloire de Jérusalem.

1° Malheur à toi qui pilles : est-ce que toi-même tu ne seras pas aussi pillé ? et toi qui méprises, est-ce que toi-même tu ne seras pas méprisé ? Lorsque tu auras consommé le pillage, tu seras pillé ; lorsque fatigué tu cesseras de mépriser, tu seras méprisé.

2° Seigneur, ayez pitié de nous, car c'est vous que nous avons attendu : soyez notre bras dès le matin, et notre salut au temps de la tribulation.

3° A la voix de l'ange, des peuples ont fui et à cause de votre grandeur, des nations ont été dispersées.

4° Et on amassera vos dépouilles, comme on amasse la sauterelle, comme lorsqu'on en remplit des fosses.

5° Le Seigneur a été magnifié parce qu'il habite dans un lieu élevé : il a rempli Sion de jugement et de justice.

6° Et la fidélité existera en tes jours ; la sagesse

20° *Sur toutes les eaux.* Sur tous les terrains bien arrosés, *y envoyant le bœuf et l'âne* paître ou *fouler le grain.* Le prophète marque une grande abondance de biens temporels par lesquels on entend les biens spirituels.

et la science seront des richesses de salut: et la crainte du Seigneur sera ton trésor.

7° Voilà que voyant ils crieront au dehors: des anges de paix pleureront amèrement.

8° Les voies ont été détruites, le passant a cessé d'aller par le sentier, l'alliance est devenue sans effet: il a rejeté des cités, il a compté pour rien les hommes.

9° La terre a pleuré et elle a langui: le Liban a été couvert de confusion et avili: et le Saron est devenu comme un désert et Basan a été ébranlé ainsi que le Carmel.

10° Maintenant, je me leverai, dit le Seigneur: maintenant je serai exalté, maintenant je serai élevé.

11° Vous concevrez de la flamme et vous enfanterez de la paille: votre esprit comme un feu vous dévorera.

12° Les peuples seront comme la cendre après un incendie; comme des épines rassemblées, ils seront brûlés par le feu.

13° Écoutez, vous qui êtes au loin, ce que j'ai

7° Des anges ἄγγελοι des messages célestes.

9° Le Liban λιψ (le rocher qui distille βανουσα dissoute). Le Saron ρωννυμενος le fixe σαρων pur, est devenu un désert (ὁεσις κρυσιν matière dissoute). Basan Βασανιζομενος le mis en pièces ainsi que le Carmel καρα tête μελανα noire ébranlés.

11° Vous concevrez de la flamme et vous enfanterez de la paille: vous ferez de grands efforts pour persécuter les saints, mais vos efforts seront vains.

12° Le pur va l'emporter sur l'impur: les parties hétérogènes vont être rejetées et les homogènes vont s'unir.

fait et connaissez, vous qui êtes proche, ma puissance.

14° Les pécheurs ont été atterrés dans Sion ; la terreur a saisi les hypocrites : qui de vous pourra habiter avec un feu dévorant ? qui de vous habitera avec des flammes éternelles ?

15° Celui qui marche dans la justice et parle vérité ; qui rejette un gain, fruit de la calomnie et secoue ses mains de tout présent ; qui bouche ses oreilles, afin de ne pas entendre des paroles de sang et ferme ses yeux afin de ne pas voir le mal ;

16° Celui-là habitera dans des hauts lieux ; des roches fortifiées seront sa demeure élevée ; le pain lui a été donné et ses eaux sont fidèles.

17° Ses yeux verront un roi dans son éclat ; ils apercevront une terre de loin.

18° Ton cœur méditera la crainte : où est le savant ? où est celui qui pèse les paroles de la loi ? où est le maître de ses petits-enfants ?

19° Tu ne verras pas un peuple impudent, un peuple au discours profond ; de manière que tu ne puisses comprendre son langage disert ; un peuple dans lequel il n'est aucune sagesse.

20° Regarde Sion, la ville de nos solennités ; tes yeux verront Jérusalem, habitation opulente.

20° *Clous* pour pieux. Le pieu servait chez les Hébreux et les peuples anciens à affermir la tente. Rendre le pieu de sa tente bien affermi, c'est se faire un établissement solide (Zach., x, vers 4), *ex ipso paxillus.* C'est de Juda que viendra tabernacle qui en aucune manière ne pourra être transporté; et ses clous ne seront jamais enlevés et aucun de ses cordages ne sera rompu.

21° Parce que c'est là seulement que Notre-Seigneur est magnifique; le lieu occupé par les fleuves offrira des canaux très larges et très spacieux; il n'y passera pas de vaisseau à rames et la grande trirème ne la traversera pas.

22° Car le Seigneur est notre juge, le Seigneur est notre législateur; le Seigneur est notre roi, c'est lui qui nous sauvera.

23° Tes cordages seront relâchés, et ils n'auront plus de force; tel sera ton mât, que tu ne pourras pas étendre ton signal. Alors on partagera les dépouilles et le grand butin; des boiteux même enlèveront du butin.

24° Et un voisin ne dira pas : je suis las; quant au peuple qui y habitera, l'iniquité lui sera ôtée.

CHAPITRE XXXIV

Vengeance du Seigneur contre les nations et en particulier contre l'Idumée.

1° Approchez, nations et écoutez; peuples soyez attentifs : que la terre écoute, ainsi que sa plénitude, le globe et tout ce qu'il a produit.

---

le pieu enté dans le mur, c'est-à-dire le prince qui affermit un état par sa bonne conduite.

24° *L'iniquité*, c'est-à-dire de la peine de l'iniquité, tout mal, toute misère.

2° Parce que l'indignation du Seigneur est sur toutes les nations et sa fureur sur leur milice entière; il les a tués et les a livrés au carnage.

3° Ceux qui leur ont été tués seront jetés dehors et de leurs cadavres s'élèvera une odeur fétide et des montagnes se liquéfieront par leur sang.

4° Et toute la milice des cieux se liquéfiera; et les cieux se rouleront comme un livre; et toute leur milice tombera comme tombe une feuille d'une vigne et d'un figuier.

5° Parce que mon glaive s'est enivré de sang dans le ciel; voici qu'il descendra sur l'Idumée et sur un peuple que j'ai voué à la mort pour les juger.

3° Les philosophes hermétiques donnent aux métaux le nom de montagnes par comparaison.

Les différents métaux, couleurs ou planètes, se forment par soulèvement, gonflement, grâce à l'action des forces de nature ignée qui agissent sans cesse dans l'intérieur du vase; c'est le mont noir (Hélicon) ou la terre noire surnageante, le mont Ida (de sueur) quand la matière transsude pour s'élever en vapeurs et tomber en pluie, quand le mont devient blanc et brillant c'est le mont Olympe. Les principales montagnes sont le soleil et la lune, père et mère de Mercure. La montagne des Sept, c'est la montagne où naît le mercure qui produit les sept couleurs.

Avant l'accouchement de Latone, Délos était errante et submergée, elle fut alors découverte et rendue fixe par le commandement de Neptune. Lorsque la terre se troublera et s'obscurcira, les montagnes seront transportées et submergées dans fond de la mer.

5° Idumée, du grec ἰδός sueur ὑγρα humide, vapeur μεθύουσα s'élançant ἐξ = ἀπά de la terre. L'Idumée représente, symbolise d'après les commentateurs, la société des méchants comme Ésaü est l'image des réprouvés

6° Le glaive du Seigneur est plein de sang, il est couvert de graisse; du sang des agneaux et des boucs, du sang des béliers les plus gras; car il y a une victime du Seigneur à Bosra et un grand carnage dans la terre d'Édom.

7° Et des licornes descendront avec eux et des taureaux avec des puissants d'entre eux : leur terre sera enivrée de sang et leur sol de la graisse des gras.

8° Parce que c'est le jour de la vengeance du Seigneur, l'année des rétributions dans le jugement de Sion.

9° Et ses torrents seront convertis en poix et son sol en soufre et sa terre deviendra une poix brûlante.

10° Ni nuit, ni jour, le feu ne s'éteindra, à jamais s'élèvera sa fumée; de génération en génération elle sera désolée; dans les siècles des siècles personne n'y passera.

11° Et l'onocrotale et le hérisson la posséderont;

6° *Edom*, du grec ἔδων mangeant ωμον de la chaire crue, sanglante, à qui l'on immole des victimes humaines. — *Bosra*, du grec Βος matière noire φαδια volatile. — *Esaü*, du grec ἐσθίων mangeant, dévorant αυρον l'or, le fixe: ce qui est lumineux.

7° *Licornes*, du grec λεος fixe κορυκαων détruisant πτητα le volatil. Animal pur symbolisant la puissance et la royauté — ayant corne noire, blanche et rouge. — *Eux* ευενοι les vieux (ou υεδοι les cochons υενοι polis dans le moment de la descension — des *taureaux* ταυρεα furieuses κυιανομενα matières sublimées, volatiles.

9° *Poix brûlante*, matière noire.

11° *Onocrotale, hérisson, ibis, corbeau.* Animaux in liquant la l'ibis et le corbeau y habiteront; et le cordeau sera étendu sur elle afin qu'elle soit réduite au néant et le niveau pour sa ruine.

12° Ses nobles ne seront pas là : ils invoqueront un roi et tous ses princes seront anéantis.

13° Et les épines et les orties croîtront dans ses maisons et le paliure dans ses forteresses et elle sera le repaire des dragons et le pâturage des autruches.

---

désolation, la ruine des méchants, des ténébreux par la lumière, le fixe, l'action du Saint-Esprit et en effet : 1° *L'ono-crotale* ou butor de la famille des hérons, est un oiseau qui se retire dans les marais, les lieux déserts et les masures des villes ruinées. Son nom lui vient de son cri semblable, au braiement d'une âne ονος âne κροταλοζων retentissant. Son plumage est d'un fauve doré, parsemé de zigzags bruns et roses; 2° *le hérisson*, du grec χροες par des pointes υς cochon των se préservant. Il vit solitaire et se retire sous des pierres : 3° l'ibis, du grec υβριζων faisant la guerre υς à la matière noire, coulant comme serpent. Le plumage de cet oiseau est blanc à l'exception du bout des pennes de l'aile qui est noir. Il paraissait en Égypte lors du débordement du Nil et il passait pour détruire les serpents, aussi était-il réputé pour oiseau sacré ; *corbeau*, du grec βε, βαινω volatil κορεστων se rassasiant αυου du sec, de corps sans âme. Le corbeau se nourrit de cadavres et habite les vieilles tours. Il est noir.

12° Ses *nobles*, du grec νοερος sage, spirituel βλης contracté de βαλης valeureux. *Beata terra cujus rex nobilis est.* (Eccli., x, 17.) Bienheureux est le pays où le roi est autant élevé par son courage et sa sagesse que par sa naissance et sa dignité.

13° *Paliure*, du grec παλιν en sens inverse ουρος protecteur, chardon, marquant ville abandonnée. Cette sorte d'épine pique et déchire ceux qui en approchent, elle symbolise les hypocrites malfaisants. — Les *dragons* δρακων voyant parce que le dragon a les yeux perçants. *Autruche*, αυδη chant, cri, τρι strident χεων jetant. Les dragons poussent des hurlements

14° Les démons y rencontreront les onocentaures et le bouc criera l'un à l'autre; là s'est couchée la lamie et elle y a trouvé son repos.

15° Là le hérisson a eu une tanière et a nourri ses petits et il a creusé tout autour et il les a réchauffés sous son ombre; là se sont rassemblés les milans, l'un près de l'autre.

16° Recherchez dans le livre du Seigneur et lisez; une seule de ces choses n'a pas manqué; l'un n'a pas cherché l'autre; parce que ce qui procède de ma bouche, c'est lui qui l'a commandé et que son esprit lui-même a rassemblé ces choses.

17° Et lui-même a jeté pour eux le sort et sa main a divisé leur part au cordeau; jusqu'à l'éternité ils le posséderont et dans toutes les générations ils y habiteront.

CHAPITRE XXXV

Rétablissement de la Judée. — Biens promis aux fils de Juda.

1° Elle se réjouira la terre déserte et sans

---

et les autruches des sons lugubres. On leur compare ceux qui se plaignent dans leur misère: ils aiment les déserts et les lieux retirés.

14° *Les onocentaures* ονος âne κεντεων aiguillonnant ταυρους les taureaux — monstres composés de deux natures: de celle d'un âne par en bas et de celle d'un homme par en haut.

Boucs, du grec βους matière noire καιουσα brûlante σαπρα puante. Premiers du peuple donnant des exemples de mauvaise odeur. *Lamie* λαιμον gorge μυεων fermant, qui égorge.

15 *Milans* μιλαξ pour σμιλαξ de σμαω scalpant, nettoyant αυτ pour αναστατους les morts.

chemin et elle exultera la solitude et fleurira comme le lis.

2° Germant elle germera et elle exultera toute joyeuse et chantant des louanges ; la gloire du Liban lui a été donnée, la beauté du Carmel et du Saron ; eux-mêmes verront la gloire du Seigneur et la majesté de notre Dieu.

3° Fortifiez les mains languissantes et affermissez les genoux débiles.

4° Dites aux pusillanimes : Prenez courage et ne croyez point, car voici que votre Dieu amènera la vengeance de rétribution ; Dieu lui-même viendra et il vous sauvera.

5° Alors les yeux des aveugles s'ouvriront et les oreilles des sourds entendront.

6° Alors le boiteux bondira comme le cerf et la langue des muets sera déliée ; parce que des eaux se sont répandues dans le désert et des torrents dans la solitude.

7° Et la terre qui était aride sera comme un étang et celle qui avait soif comme des fontaines d'eaux. Dans les repaires où auparavant habitaient des dragons, croîtra la verdure du roseau et du jonc.

8° Et là sera un sentier et une voie, et elle sera appelée la voie sainte ; l'impur n'y passera pas et ce sera pour vous une voie droite, en sorte que les ignorants ne s'y égareront pas.

6° *Cerf*, du grec κέρας corne φύον croissante.

9° Il n'y aura pas là de lion et une mauvaise bête n'y montera pas et ne s'y trouvera pas ; mais ils y marcheront ceux qui auront été délivrés.

10° Et les rachetés par le Seigneur retourneront et viendront à Sion avec des chants de louange ; et une allégresse éternelle sera sur leur tête. Ils obtiendront la joie et l'allégresse et la douleur fuira ainsi que le gémissement.

NOTE.

Les rapprochements que nous venons de faire sont nouveaux, il est vrai, mais ils sont concluants. Ils servent à démontrer : que l'Esprit-Saint, au moyen de l'eau et du feu, opère toutes ses créations et ses transformations dans le monde ; que l'œuvre hermétique n'est qu'une allégorie de l'œuvre de l'Esprit-Saint.

Quels sont ceux qui se mêleront de parler et d'écrire contre l'action de l'Esprit-Saint dans le monde ?

Des gens qui ne sachant pas se conduire, sont assez fous pour prescrire au Créateur des règles pour conduire l'Univers. Ils forgeront des systèmes et parleront avec un ton si décisif qu'on serait porté à croire que Dieu les a consultés pour tirer le monde du néant et qu'ils ont suggéré au Créateur les lois qui conservent l'harmonie de son mouvement général et particulier. Heureusement les raisonnements de ces prétendus savants n'influent en rien sur cette harmonie. Nous aurions lieu d'en craindre des résultats pour nous aussi fâcheux que les conséquences tirées de leurs principes sont ridicules. Tranquillisons-nous : le monde ira son train autant de temps qu'il plaira à son auteur de le conserver. Ne perdons pas le temps d'une vie aussi courte que la nôtre à disputer des choses que nous ignorons. Appliquons-nous plutôt à chercher le remède aux maux qui nous accablent, à prier celui qui a créé la *médecine de la terre*, de nous la faire connaître ; afin qu'après nous avoir favorisés de cette admirable connaissance nous n'en usions que pour l'utilité de notre prochain, par amour pour le souverain Être à qui seul soit rendu gloire dans tous les siècles des siècles.

Quant à l'art hermétique, art qui a pour objet la source de la santé et des richesses, deux bases sur lesquelles est appuyé le bonheur de cette vie, il fut toujours un mystère. Tous ceux qui en ont traité en ont parlé comme d'une science dont la pratique a quelque chose de surprenant et dont le résultat tient du miracle en lui-même et dans ses effets. Dieu, auteur de la nature, que le philosophe se propose d'imiter, peut seul éclairer et guider l'esprit humain dans la recherche de ce trésor inestimable et dans le labyrinthe des opérations de cet art. Aussi faut-il avoir recours au Créateur pour lui demander cette grâce avec beaucoup de ferveur et de persévérance. Doit-on être surpris que les possesseurs d'un si beau secret l'aient voilé des ombres, des hiéroglyphes, des fables, des allé-

gories, des métaphores, des énigmes pour en ôter
la connaissance au commun des hommes? Ils n'ont
écrit que pour ceux à qui Dieu daignerait en
accorder l'intelligence. Les décrier, déclamer fortement contre la science même parce qu'on a fait
d'inutiles efforts pour l'obtenir, c'est une vengeance basse; c'est faire tort à sa propre réputa-
tion, c'est afficher son ignorance et l'impuissance
où l'on est d'y parvenir. Mais quels sont ceux qui
se mêleront de parler et d'écrire contre l'œuvre
hermétique? Des gens qui en ignorent, je gagerais,
jusqu'à la définition; gens dont la mauvaise
humeur n'est excitée que par le préjugé. J'en
appelle à la bonne foi; qu'ils examinent sérieu-
sement, s'ils sont au fait de ce qu'ils critiquent.
Ont-ils lu et relu vingt fois et davantage les bons
auteurs qui traitent de cette matière? Qui, d'entre
eux, peut se flatter de savoir les opérations et les
procédés de cet art? Quel Œdipe leur a donné l'intelligence de ses énigmes et de ses allégories?
Quelle est la sibylle qui les a introduits dans son
sanctuaire? Qu'ils demeurent donc dans l'étroite
sphère de leur connaissance : *Ne sutor ultra cre-
pidam*. Ou puisque c'est la mode, qu'il leur soit
permis d'aboyer, après un si grand trésor, dont
ils désespèrent la possession. Faible consolation,
mais la seule qui leur reste!!!

3° Les trois clefs du monument.

Le poème des Centuries est un monument (ἐνταφιον, tombeau μονιμου, de l'immobile, du mort υμερομενου, enveloppé de voiles), contenant un texte mort, recouvert de trois enveloppes qu'il faut pénétrer pour arriver jusqu'à lui et le ressusciter ; la première de marbre, la seconde d'or, la troisième de diamant.

Critiques ignorants, qui avez parlé de M. de Notredame et de ses œuvres comme un aveugle pourrait parler des couleurs, venez apprendre du dernier de mes disciples, que dis-je, de Marthe et Madeleine, mes petites-filles, qui n'ont pas encore huit ans, comment le monument a été ouvert. Faites amende honorable ! on vous pardonnera.

Première clef.

Pendant près de dix ans, j'ai, comme beaucoup d'autres, circulé autour du monument sans pouvoir enlever sa première enveloppe. L'éclat du marbre poli avec soin, produisait sur les yeux un éblouissement qui en éloignait invinciblement ; d'autre part, on lui attribuait une origine franco-latine, tandis qu'il était de provenance grecque. L'erreur était facile, car il y a tant de points de rapprochement entre les Français et les Grecs dans le langage, le caractère, les mœurs et les arts. La ville de Paris n'a-t-elle pas pris le nom de nouvelle Athènes ? Paris comme Athènes n'a-t-elle pas été appelée la Ville-Lumière ? Notre République n'a-t-elle pas été qualifiée d'Athénienne ? Le jour où je fus convaincu que ce marbre remontait au siècle de Périclès, je dus m'enquérir avec quels outils je devais l'attaquer. Armé du marteau et du ciseau du mosaïste, je me mis résolument à la besogne et je frappai les premiers coups ; j'obtins de gros fragments que je divisai en petits cubes aussi réguliers que possible auxquels j'assignai dès lors la destination de former des caractères, puis des mots, puis des phrases qui, fixées au sol français suivant une diagonale dirigée de Nantes à Marseille, retraceraient les décrets de la miséricorde et de la justice divines rendus sur les destinées de l'Église et de la France.

C'est à M. Chassang, helléniste et au tableau de racines grecques occupant les premières pages de son *Dictionnaire grec*, édité en 1871, que je dois les plus précieuses indications. Je le remercie d'avoir travaillé spécialement pour moi.

Deuxième clef.

Arrivé à la seconde enveloppe, j'ai dû réfléchir très longtemps sur les moyens à employer pour l'entamer, c'était un or pur à dissoudre avec un feu particulier qui n'était ni le feu du soleil, ni le feu des cuisines, ni le feu central, mais bien le feu philosophique.

Pour connaître la matière de ce feu, il fallait

savoir comment le feu élémentaire prend la forme
du feu céleste et pour sa forme tout le secret consiste dans la forme et structure du vase par lequel
ce feu devient égal, doux, continu et tellement pro-
portionné que la nature puisse le corrompre ; après
quoi doit se faire la génération du soufre qui
prendra la domination et régira le reste de l'œuvre.
C'est pourquoi les philosophes disent que la femelle
domine pendant la corruption et le mâle chaud et
sec pendant la génération.

Voici ce que le célèbre Artéphius en dit : « Notre
« feu est minéral ; il est égal, il est continuel, il
« ne s'évapore point s'il n'est trop fortement
« excité ; il participe du soufre ; il est pris d'autre
« chose que de la matière ; il détruit tout, il dis-
« sout, congèle et calcine ; il y a de l'artifice à le
« trouver et à le faire ; il ne coûte rien ou du moins
« fort peu. De plus, il est humide, vaporeux,
« digérant, altérant, pénétrant, subtil, aérien, non
« violent, incomburant ou qui ne brûle point,
« environnant, contenant et unique. Il est aussi la
« fontaine d'eau vive qui environne et contient le
« lieu où se baignent le roi et la reine. Ce feu
« humide suffit en toute l'œuvre au commencement,
« au milieu et à la fin parce que tout l'art hermé-
« tique consiste en ce feu. »

Les anciens ont donné à ce feu le nom d'*épée*,
de *lance*, de *flèche*, de *javelot*, de *hache*, etc. Telle
fut l'épée dont Vulcain frappa Jupiter pour le faire
accoucher de Minerve ; l'épée que le même Vulcain
donna à Pélée, père d'Achille ; la massue dont il

fit présent à Hercule; l'arc que ce héros reçut d'Apollon, le cimeterre de Persée, etc. C'est le feu que Prométhée vola au ciel; celui que Vulcain employait pour fabriquer les foudres de Jupiter et les armes des dieux, la ceinture de Vénus, le trône d'or du Souverain des cieux; c'est enfin le feu de Vesta entretenu à Rome par les Vestales.

Homère, Virgile et beaucoup d'autres poètes et de philosophes anciens ont décrit ce feu et ses effets dans leurs ouvrages; les hiéroglyphes Egyptiens en donnent l'explication et s'expliquent par lui: saint Jean, Isaïe et de nombreux auteurs sacrés y font allusion et lui empruntent des images.

On trouvera la justification de ces assertions dans mes précédents travaux intitulés : *Clef de M. de Notredame et de saint Jean*, 1872, et *Résurrection merveilleuse*, 1er et 2e fascicules, 1878.

Si j'ai découvert le feu philosophique, si j'ai réussi à le décrire et à l'employer, je le dois certainement à la rencontre fortuite et merveilleuse que je fis, en 1870, des colonnes de Porphyre portant la date de 1786.

Grâce à ce feu, j'ai pu fondre et enlever la seconde enveloppe et j'emploie les produits de l'opération au sertissement de mes diamants et à l'ornementation de mon travail.

Troisième clef.

Restait l'enveloppe de diamant (Διαφασεις, clartés, αντιχουσαι allant à la rencontre, αμα

ensemble, transparent par excellence), vous savez
cette pierre précieuse la plus transparente, la plus
brillante et la plus dure de toutes. Après en avoir
lavé la surface pour la débarrasser des parties
terreuses qui la recouvraient, après l'avoir longtemps usée avec de l'égrisée pour la polir et la
tailler en brillant, j'ai appelé la lumière d'en haut
afin de l'éclairer et la rendre translucide. Mon but
était atteint. La lumière, pénétrant l'enveloppe, a
fait briller le texte mort et l'a ressuscité, et je le
présente au public revêtu de cette cuirasse indes-
tructible.

NOTE.

J'ai dit : J'ai livré mon secret.

A mes lecteurs maintenant, à mes disciples d'é-
tudier mes écrits, de les comprendre et de les
répandre en donnant eux-mêmes des développements
au texte de la prophétie.

Pour expliquer les quatrains qui n'ont pas été
publiés, il leur suffira de suivre la méthode des
mathématiciens qui consiste à dégager le terme
inconnu au moyen des termes connus: ils pourront
composer un dictionnaire des mots ressuscités à
mesure de leur résurrection et dans mille vers tra-
duits ils trouveront certainement des éléments suf-
fisants pour traduire les quatre mille vers des Centuries.

C'est en préférant le *verbe*, mot par excellence,
dans la coupure et la division des mots que j'ai

obtenu le sens intime de *fleur*, *Madeleine*, *Marthe*, *mouvement*, *diamant*, *sainct*, *honneur*, *noble*, *vie*, *sang*, *d'Orléans*, *bastard*, *aigle*, *hérisson*, *amant*, *Mars*, *Venise*, *Saturne*, *guerre*, *France*, *Gaule*, *chemin*, *avarice*, *espouse*, *mariage*, etc. La mise en pratique de ce moyen amènera les résultats les plus étonnants.

En retour de ces ouvertures et de ces confidences, qu'il me soit permis de demander à l'un de mes disciples de vouloir bien s'appliquer à donner aux mots grecs employés, les temps, les modes, les cas avec les désinences et les terminaisons qui leur conviennent ainsi que les accents qui leur appartiennent ; c'est une négligence de ma part, facile à réparer et que l'on excusera en présence du peu d'années qui me restent à vivre et de l'immensité de la tâche qui m'est incombée. Je ne prétends donner que la racine et le radical, leur signification juste et partant l'interprétation fidèle.

4° L'Alcyon va jeter son cri

Le rossignol chante, la nuit : sa voix emplit la voûte des cieux : elle s'étend et s'élève; c'est une ténuité, une ductilité, en même temps une pureté et un éclat incomparable: les notes se perlent, elles roulent et s'échappent une à une: elles tombent et se groupent en grappes lumineuses pour ainsi dire. C'est la grâce, la force, la délicatesse, une impression de l'infini, une aspiration ou une ivresse, une prière ou une extase.

L'alouette sonne la joie et la vie: à travers les rayons du soleil elle s'élève dans le ciel bleu : on ne la voit plus, on l'entend encore; sa note claire et vibrante se redouble, se répète et se répercute toujours gracieuse, agile, vivante.

Le merle en sortant du buisson jette brusquement un rire sonore et railleur; ou bien après la pluie, du haut d'un arbre, il entonne d'une note pleine et superbe, un chant solennel et grandiose.

Ils chantent : tout chante les merveilles de la création, les louanges du Créateur, de l'Esprit-Saint, le divin ouvrier.

Le poëte, lui aussi, chante et célèbre en un langage aimé du Ciel, la gloire de l'Esprit de Dieu.

> Le feu divin qui nous consume
> Ressemble à ces feux indiscrets
> Qu'un pasteur imprudent allume
> Au bord des profondes forêts :
> Tant qu'aucun souffle ne l'éveille
> L'humble foyer couve et sommeille;

Mais s'il respire l'Aquilon,
Tout à coup la flamme engourdie
S'enfle, déborde ; et l'incendie
Embrase un immense horizon !

O mon âme ! de quels rivages
Viendra ce souffle inattendu ?
Sera-ce un enfant des orages
Un soupir à peine entendu ?
Viendra-t-il comme un doux zéphyre
Mollement caresser ma lyre
Ainsi qu'il caresse une fleur ?
Ou sous ses ailes frémissantes,
Briser ces cordes gémissantes
Du cri perçant de la douleur ?

Viens du couchant ou de l'aurore
Doux ou terrible au gré du sort :
Le sein généreux qui t'implore
Brave la souffrance ou la mort !
Aux cœurs altérés d'harmonie
Qu'importe le prix du génie !
Si c'est la mort, il faut mourir !
On dit que la bouche d'Orphée
Par les flots de l'Èbre étouffée
Rendit un immortel soupir.

Mais soit qu'un mortel vive ou meure
Toujours rebelle à nos souhaits
L'Esprit ne souffle qu'à son heure
Et ne se repose jamais...
Préparons lui des lèvres pures
Un œil chaste, un front sans souillures,
Comme aux approches du saint lieu
Des enfants, des vierges voilées
Jonchent de roses effeuillées
La route où va passer un Dieu !

Attendons le souffle suprême
Dans un repos silencieux :
Nous ne sommes rien de nous-même
Qu'un instrument mélodieux.

Quand le doigt d'en haut se retire
Restons muets comme la lyre
Qui recueille ses saints transports
Jusqu'à ce que la main puissante
Touche la corde frémissante
Où dorment les divins accords.

L'Alcyon, oiseau de Notredame ou Monnier pour louer Dieu et ses œuvres, n'a point de mélodies dans la voix, seulement, en volant, il jette à travers les airs un cri perçant que les échos répètent, un de ces cris qui émotionnent et font rêver à ces oiseaux sacrés que les anciens appelaient *langues* et qu'ils regardaient comme les interprètes du ciel. Ne pouvant chanter, l'Alcyon demandera de nouveaux accents à l'auteur des Méditations pour adresser sa prière à l'inspirateur de toute poésie, à l'auteur de tous biens, *dator bonorum*.

Tu parles, mon cœur écoute :
Je soupire, tu m'entends,
Ton œil compte goutte à goutte
Les larmes que je répands :

Qu'importe en quels mots s'exhale
L'âme devant son auteur ?
Est-il une extase égale
A l'extase de mon cœur ?
Quoique ma bouche articule,
Ce sang pressé qui circule,
Ce sein qui respire en toi
Ce cœur qui bat et s'élance
Ces yeux baignés, ce silence,
Tout parle, tout prie en moi.

Ainsi les vagues palpitent
Au lever du roi du jour,
Ainsi les astres gravitent
Muets de crainte et d'amour ;

Ainsi les flammes s'élancent,
Ainsi les airs se balancent,
Ainsi se meuvent les cieux,
Ainsi ton tonnerre vole
Et tu comprends sans parole
Leur hymne silencieux!

Ah! Seigneur! comprends-moi de même!
Entends ce que je n'ai pas dit:
Ce silence est la voix suprême
D'un cœur de ta gloire interdit!
C'est toi! c'est moi! je suis! j'adore.
Le temps, l'espace s'évapore
J'oublie et l'univers et moi!
Mais cette ivresse de l'extase
Mais ce feu sacré qui m'embrase
Mais ce poids divin qui m'écrase
C'est toi! mon Dieu! c'est encore toi.

DEUXIÈME PARTIE

Huitième centurie. — Traduction et commentaires.

> Voilà la voix de quelqu'un qui dit : Crie.
> Sur une haute montagne, monte, toi qui
> évangélises Sion ; élève avec force ta voix, toi
> qui évangélises Jérusalem ; élève-l', ne
> crains pas. Dis aux cités de Juda : Voici
> votre Dieu.
>
> (Isaïe, chap. XL, voir tout ce chap.)

Le lecteur le plus bienveillant est presque autorisé à me demander pourquoi j'offre tout d'abord au public la traduction de la huitième centurie avant celle des sept premières.

La raison est bien simple.

Les sept premières centuries de M. de Notredame dédiées à César, son fils spirituel, livrées au public le 1er mars 1555, sont composées de quatrains mêlés et comme jetés au hasard à la place qu'ils occupent, tandis que les quatrains des trois dernières centuries, publiées le 27 juin 1558, peuvent s'interpréter dans l'ordre où ils se présentent, parce qu'ils résument les faits historiques avec une certaine suite et un certain enchaînement.

J'ai tout lieu d'espérer, après avoir expliqué ainsi les trois dernières centuries, que mes disciples mis au courant de ma méthode, pourront se passer de moi et m'épargner le soin d'employer de nouveaux volumes à leur triturer une nourriture spirituelle qu'ils n'aient plus que l'agrément d'avaler.

S'il est vrai que j'aie suivi la meilleure voie, que j'aie triomphé des plus grandes difficultés en les attaquant de front, j'aimerai entendre dire : il a bien fait de prendre le taureau par les cornes !

Στη δε κερας μετα χερσιν εχων βους αγλαυλοιο.
(H., il. XXIII, 780.)

Avant de traduire le premier quatrain de cette centurie, je pourrais renvoyer mes lecteurs à l'étude de l'histoire d'Osiris, d'Isis et de Typhon, exposée dans ma clef (1872). Ils trouveraient à s'y édifier complètement sur l'allégorie hermétique appliquée à la Restauration française, mais voulant les conduire comme par la main dans le monument, je leur dirai brièvement : Il n'est pas difficile de concevoir pourquoi on faisait de Typhon un monstre effroyable, toujours disposé à faire du mal et qui avait l'audace même de faire la guerre aux dieux. Les métaux abondent en ce soufre impur et combustible qui les ronge en les faisant tourner en rouille chacun dans son espèce. Les dieux avaient donné leurs noms aux métaux; et c'est pourquoi Hérodote dit que les Egyptiens ne comptaient d'abord que huit grands dieux, c'est-à-dire les

sept métaux et le principe dont ils étaient composés. Typhon était né de la terre mais de la terre
grossière, étant le principe de la corruption. Il fut
cause de la mort d'Osiris, parce que la corruption
ne se fait que par la solution indiquée par la mort
de ce prince. Les plumes qui couvraient la partie
supérieure du corps de Typhon et sa hauteur qui
portait sa tête jusqu'aux nues, indiquent sa volatilité et sa sublimation en vapeurs. Ses cuisses, ses
jambes couvertes d'écailles et les serpents qui en
sortent de tous côtés sont le symbole de son aquosité corrompante et putréfactive. Le feu qu'il jette
par la bouche, marque son adustibilité corrosive et
désigne sa fraternité prétendue avec Osiris, parce
que celui-ci est un feu caché naturel et vivifiant,
l'autre est un feu tyrannique et destructif. C'est
pourquoi d'Espagnet l'appelle le tyran de la nature
et le fratricide du feu naturel, ce qui convient parfaitement à Typhon. Les serpents sont chez les philosophes l'hiéroglyphe ordinaire de la dissolution
et de la putréfaction. Aussi convient-on que Typhon
ne diffère pas du serpent Python.

Ce monstre ne se contenta pas d'avoir fait mourir son frère Osiris, il précipita aussi son neveu
Horus dans la mer, après s'en être saisi par le
secours d'une reine d'Éthiopie. On ne pouvait
désigner plus clairement la résolution en eau de
l'Horus ou de l'Apollon philosophique qu'en le
disant précipité dans la mer: la noirceur qui est
la marque de la solution parfaite et de la putréfaction appelée mort par les adeptes, se voit dans

cette reine d'Éthiopie. Cette matière corrompue et putréfiée est précisément cette écume ou salive de Typhon, dans laquelle Orus fut précipité et submergé. Isis ressuscita enfin Horus ; c'est-à-dire l'Apollon philosophique, après avoir été dissous, putréfié et devenu noir, passa de la noirceur à la blancheur appelée résurrection et vie dans le style hermétique. Le fils et la mère se réunirent alors ensemble pour combattre Typhon ou la corruption et après l'avoir vaincue, ils régnèrent glorieusement, d'abord la mère ou Isis, c'est-à-dire la blancheur et après elle Orus, son fils, ou la rougeur. Typhon périt par l'eau et par le feu en même temps : car l'eau philosophique ou la mer des philosophes qui n'est qu'une même eau formée par la dissolution de la matière, est aussi un marais, puisqu'étant enfermée dans le vase elle n'a point de cours. Cette eau est un vrai feu puisqu'elle brûle avec plus de force et d'activité que ne le fait le feu élémentaire.

Nap. V. Henri V.	Pau Nay Loron plus feu qu'à sang sera Laude nager, fair grand aux surrez Les agassas entrée refusera Pampon Durance les tiendra enserrez. (1er Q)

Version littérale ou mot à mot.

Pau	παυων	Le fixe, Horus, le roi soleil
nay	νχυριϝθεις	ayant été précipité à la mer
Loron	λοξοτροχιω ρωννυμενω	par Typhon aux replis tortueux renforcé
plus	υϛι πληροτεοις	par les pores à rassasier
feu	φευκταιοις	exécrables

qu'à	κυκμευομε.ω ανακτι	par l'élu du suffrage universel chef
sang	αγων σεισμον κωλοις	celui qui imprime le mouvement aux membres
sera	θηραςεται	sera poursuivi.
Laude	λαθουσα υδατι ημενη	caché, étant bas, dans l'eau
nager	ξρα νακτα	la terre fixe
fuir	φυξεται ισω	fuira dans le vase où se fait l'œuvre
grand	γρυπαιετον ανδαιοντα	l'aigle à bec de griffon incendiaire
aux	αυξησει	pendant la sublimation
surrez	συρρηγνυμενον	se déchainant.
Les	ληςαντι	par le se tenant caché
agassas	αγκςτω σηςαντι	fixe, passant par l'étamine du feu
entrée	εντεινων ρειν	tendant à pénétrer
refusera	φυσητηρ ρηδιος ερα-σεται	Typhon volatil sera repoussé.
Pampon	πονησει παντα	souffrira toute espèce de maux
Durance	θυρουται καιεσθαι αγκαλαις	se plaindra d'être brûlé par les replis
les	ληςταρχου	du chef des ravageurs
tiendra	τιομενος ενερασσο-μενος	le vénérable enserré
enserrez	εναντιω ρεξοντι θηραν	par l'ennemi faisant la poursuite.

Traduction plus libre.

Henri V (comme Horus fils d'Osiris) sera précipité à la mer en 1830 par le Typhon révolutionnaire incarné dans ses chefs, L.-Philippe et notamment la race des Napoléon avec le concours des gens détestables dont il faut rassasier les appétits matériels. Le monarque dont l'action est comme celle du sang, douce, vivifiante et génératrice, se verra l'objet des poursuites du chef élu par le suffrage universel. Submergé et errant à l'état de terre fixe, Henri V fuira dans le vase où se fait l'œuvre, pour éviter l'aigle napoléonienne incendiaire qui se déchaînera pendant la sublimation. Henri V, se tenant caché sous forme de pierre, passera par l'étamine du feu, repoussant le Typhon fluide qui cherchera à le pénétrer ; enserré par le chef ennemi des ravageurs qui le poursuivra, le prince digne d'admiration souffrira mille maux et se plaindra de ses étreintes brûlantes.

NOTE.

Pau, Nay, Loron, mots placés en tête du premier quatrain de cette centurie, forment, suivant la figure grammaticale appelée anagramme, *Napaulaion roi*.

Ces mots sont comme une révélation. Ils nous montrent la Révolution incarnée dans ses chefs et notamment dans la race des Napoléon, se disant : La Révolution faite homme, la Révolution couronnée, après avoir fait mourir Louis XVI en 1793 et avoir pour ainsi dire jeté à la mer Henri V, chef du vaisseau de l'État français depuis le 30 juillet au 9 août 1830, devenue maîtresse du pouvoir par le suffrage universel, manifestant son passage bien plus par des destructions et des ruines que par une action douce, vivifiante et génératrice produisant l'unité, l'ordre, la conservation, la gloire et la grandeur telle que celle de la monarchie.

Il ressort cependant de l'étude des huit premiers vers, que M. de Notredame se transporte par la pensée à ce moment de l'histoire où Henri V doit paraître sous la couleur noire et entrer en lutte avec Jérôme Napoléon, élu par le suffrage universel.

Nap. V.	Condon et aux et autour de Mirande
	Je voy du ciel feu qui les environne
	Sol Mars conjoint au Lyon puis Marmande
Henri V.	Foudre grand gresle mur tombe dans Garonne.

(2e Q.)

Version littérale.

Condon	κονις δονουτα	la matière en poudre agitée
et	ετηξασα	s'étant liquéfiée
aux	αυξησει	montera en vapeurs
et	εταιρια	en compagnie
autour	αυτουργου	du mercure faisant tout dans l'œuvre
de	δεοντες	se condensant
Mirande	ανδηματι μυροντι	en couronne coulant goutte à goutte.
Je	υετιζον	faisant pleuvoir
voy	υδωρ-ουδας	le mercure volatil et fixe
du	δυσει	pénétrera
ciel	κυκατει υελω	rendra transparent comme verre
feu	φευγον	faisant disparaître
qui	υλην υικον κοουταν	la matière puante comme porc, pleine
les	ληστων	de ravageurs
environne	εναθριαζομενων οι	rassemblés par Typhon contre le
	φωννυμενω υεσμενω	fixe volatilisé.
Sol	σολος	le disque, le corps apparent masculin dissoluble
Mars	σελχος μαχοντος αρεος	de l'astre avide de carnage Mars
conjoint	κοινων οο υαχοντι τινοντι	combattant avec Jupiter purifiant, punissant
au	αυ	contre
Lyon	λυοντι	le corps dissolvant féminin (Venus)
puis	υς πυθουσα	la matière noire en putréfaction
Marmande	ανδεομενη μαμμαρου-σεται	lie, fixée deviendra dure et brillante.
Foudre	υδωρ φουσκον φευσεται	une pluie brillante d'or sera lancée
grand	γρυπαιετω ανδαιοντι	sur l'aigle incendiaire ou couronnée
gresle	λευχαια γη ρηττα	par le gris Jupiter terre volatilisée
mur	μυριαχου	en mille endroits
tombe	τομια υελοις	mutilé par les traits
dans	δαις αναστηισει	Typhon torche enflammée sera détruit, périra
Garonne	γα ρωννυμενη νευστιχη	dans la terre grossière qui nage, fange, marais.

Traduction libre.

La matière changée en poudre agitée, puis en eau grasse, montera en vapeurs avec le mercure, qui fait tout dans l'œuvre, jusqu'au haut du vase où se fera la condensation en gouttes d'eau ruisselantes. Henri V à l'état de mercure volatil et fixe, fera tomber une pluie qui en la pénétrant et en la rendant transparente comme du verre, fera disparaître la matière noire en putréfaction contenant une armée de bandits rassemblés par Typhon contre le fixe volatilisé. Mars, dieu de la guerre, prêtant son mâle concours à Jupiter, justicier, dans sa lutte contre les agents efféminés de dissolution, la matière noire en putréfaction se coagulant, deviendra dure et brillante comme du marbre. Une pluie brillante comme de l'or sera projetée sur l'aigle couronnée, par Jupiter terre grise volatilisée. Atteint par mille traits, Typhon sera détruit dans la fange par eau et feu.

NOTE.

1° *Foudre*. La foudre n'est d'abord qu'une exhalaison sèche et terrestre unie à la vapeur humide : mais à force de s'exhaler, venant à prendre la nature ignée, elle agit sur l'humide qui lui est inhérent, qu'elle attire à soi et transmue en sa nature : après quoi elle se précipite avec rapidité vers la terre où elle est attirée par une nature fixe et semblable à la sienne. (Clef 1872, page 369.)

<table>
<tr><td>Guerre d'Italie.

Nap. III. Vict.-Em.</td><td>Au fort chasteau de Vigilanne et Resviers
Sera serré le puisnay de Nancy
Dedans Turin seront ards les premiers
Lorsque de dueil Lyon sera transy. (3e Q.</td></tr>
</table>

Ce texte, français d'apparence, donne pour *sens précurseur* ce qui suit :

Après avoir occupé d'abord la place forte de Vigevano (Avigliano, à 21 kilomètres ouest de Turin, rappelle Vigiliæ placé en sentinelle), placée comme aux avant-postes d'où il devra se retirer (reviare-Revere, à 27 kilomètres de Mantoue), l'empereur d'Autriche, de la maison de Lorraine (Nancy), fils du frère cadet de son successeur au trône, sera serré de près : la guerre de l'indépendance aura enflammé d'abord Turin, qui prendra la tête d'un mouvement devant se propager comme la flamme dans l'Italie entière, lorsque le Lion de Pie IX sera transi de deuil à la pensée des maux qui vont suivre.

Mais le texte, composé de racines grecques, présente un sens beaucoup plus riche et plus complet.

Version littérale.

Au	αυτονια	en Italie
fort	φορτοστολος	un chef d'État
chasteau	χαστιαζων τεαυτω	envieux pour lui-même
de	δεοντων	des provinces lui manquant
Vigilanne	κωλισσφορηται υι αναλ-λομενω νεωτερισμω	s'entendra en buvant avec Typhon élevé par la révolution
et	εταιρισουτι	devant aider
Resviers	ρηχτεον συναγωνιστας ιεραρχου σεβαστου	pour chasser les défenseurs du pontife sacré.

Sera	Θηρασει	poursuivra
serré	Θηριωδος μι λιουργως	brutalement, déloyalement
le	λησται	le déprédateur
puisnay	υς πυθων ναυσιφθεντος	porc. Typhon. en putréfaction, du précipité à la mer
de	δεχομενον	le recueillant
Nancy	κυβερνητην ναυος	pilote de navire
Dedans	δεδυημενος ανστας	le mort, le dissous rendu à la vie
Turin	τνηπει τυρομενους	purgera les révolutionnaires
seront	σεσηροντες οντας	grinçant des dents contre le droit et la légitimité
ards	αρδευων σηπεδονα	en arrosant la matière en putréfaction
les	ληταρμενην	occulte, noire
premiers	πρεμνω ιερα σαφα	avec la terre sacrée lumineuse
Lorsque	κυεσει ορστα ληταρχον	Il concevra la pensée de mettre debout le Pontife
de	δεοντα	emprisonné
dueil	ειοντα δυς	plongé dans le malheur
Lyon	λυοντι	par la matière dissolvante
sera	σηξας	ayant nettoyé
transy	τρανοσας συν	et ayant éclairci la matière noire puante.

Traduction libre.

En Italie, Victor-Emmanuel, chef des états Sardes, convoitant les provinces qui manquaient à sa cupidité, combinera, entre deux coupes, avec Napoléon III, vrai Typhon élevé par la Révolution, le projet de chasser par la force les défenseurs du Pape. Le Typhon déprédateur poursuivra d'abord avec brutalité et déloyauté l'empereur d'Autriche qui aura donné asile à Henri V précipité à la mer. Henri V sortant de l'état de mort où il avait été réduit, viendra châtier les révolutionnaires grinçant des dents contre le droit légitime, en arrosant

la matière noire en putréfaction, par une pluie de
feu céleste. Il prendra aussi la résolution de réta-
blir le saint Pontife emprisonné et plongé dans
l'affliction par les agents de destruction et de dissolution, en nettoyant et en éclaircissant la matière
noire puante.

Guerre d'Italie.	Dedans monech le coq sera receu
	Le cardinal de France apparoistra
	Par logation Romain sera deceu
Nap. III. Vict.-Em.	Faiblesse à l'aigle et force au coq naistra. 4° Q.

Version littérale.

Dedans	δεδαομενη ὑπαὶ καυσγε ουενος	Par la torche enflammée Typhon souffleur
monech	εχειν μοναρχία	d'occuper la monarchie
le	ληιστηρι	le ravageur
coq	κοκκυζων	chantant, criant comme coq en couleur
sera	ὑηραται	obtiendra
receu	ῥεα ι ευθων	facilement en dissimulant.
Le	λητων	à l'état de Laton, tête noire
cardinal	καρτερος ὁνεων αλαδε	le fixe = Henri, errant, à la mer
de	δειλα	paraîtra
France	αγκαωεος ῥραται	se reposant en famille
apparoistra	απο παροικεοντων ῥαοοστα ιστρου	du côté de ceux qui habitent la courbure du Danube.
Par	παρα	de la part de
logation	λογεων ατιμων	orateurs sans honneur
Romain	ῥωμα εκκουσα	la force spirituelle et temporelle purifiante
sera	ὑηραξεται	sera poursuivie
deceu	δεὑησεται καυσεται	sera enchaînée, sera emprisonnée.
Foiblesse	φοιδομενος βλησταραω σεισμω	passionné pour l'agitation, l'ébran- lement
à	αυτη	la guerre

l'aigle	λεγομενος λαου κισσ- μενου	l'élu du peuple en révolution
et	εταιριζει	viendra au secours
force	φορτοις κεομενοις	avec des charges enflammées
au	κυδαων	promettant
coq	κοκκυζοντι	à celui qui crie comme le coq ou le coucou
naistra	ναιετους ιστρου εξ- γεισθαι	de faire sortir avec violence les habitants du Danube.

Traduction libre.

Avec le concours de Napoléon III, vrai Typhon, Victor-Emmanuel, ravageur et criard comme le coq, obtiendra facilement par la fourberie d'unifier l'Italie sous son sceptre. Alors Henri V, à l'état de Laton, de soleil ténébreux ou de tête noire, errant et submergé, paraîtra se reposer au milieu de sa famille dans le domaine de Froschdorf, situé près la courbure du Danube, en Autriche. Le Pape possédant à Rome le pouvoir temporel et spirituel purifiant, sera poursuivi, enchaîné, emprisonné par des avocats sans vergogne, passionné pour l'agitation, l'ébranlement et la guerre. Napoléon III, élu par le peuple en révolution, ayant l'aigle dans ses armes, viendra, avec des canons rayés, à l'aide du coq piémontais à qui il aura promis d'expulser les Autrichiens de l'Italie.

NOTE.

M. de Notredame pouvait indifféremment appliquer à Victor-Emmanuel la qualité de coq ou de coucou, parce que ce personnage est de la race vantarde, batailleuse, ravageuse et jalouse des Gaulois (Galli) d'Italie, salués du nom de *caponi* à cause des plumes de coqs qui parent leurs coiffures militaires et parce qu'il aura modelé les actes de sa vie sur ceux du coucou, qui pond ses œufs dans les nids des autres oiseaux et jette dehors les œufs et les petits de ces oiseaux, justifiant ainsi le proverbe allemand : *ingrat comme un coucou.*

— 1859 (mars). Lors de la déclaration de guerre à l'Autriche, Modène, Florence et Parme s'insurgent ;

— 1859 (8 juin). Après la bataille de Magenta, le soulèvement des Romagnes éclate d'après le programme de Cavour et de Garibaldi.

En empiétant sur le pouvoir temporel du Pape, Victor-Emmanuel usurpe la souveraineté légitime.

La prophétie.	Apparoistra temple luysant orné
	La lampe et cierge à Borne et Bretueil
	Pour la Lucerne le canton destorné
Son traducteur.	Quand on verra le grand coq au cercueil. 3e Q

Version littérale.

Apparoistra	απο παροιστραμενη	au moment où agitée de transports furieux
temple	τεμενω πλειονοψηφιας	dans le vase du suffrage universel
luysant	ος λουφενη αντι	la matière noire puante dissoute vers le haut
orué	ορσει νεφθε	s'élancera du fond.
La	λαμψει	brillera
lampe	λαμπας εμπυρα	la lampe ardente
et	εταχθεισα	ayant été mise au jour
cierge	κατοντι γην ιεραν	par celui qui fait cuire la matière sacrée
à	καζοντι	vivant
Borne	Βοζω νητω	sur un côteau = limite, baignant son pied dans l'eau

et	ετεω	vrai
Bretueil	Βρεττανω τυλομενω εἰλυφαμενω	breton, affecté d'une apophyse sinueuse.
Pour	ποιημενου υρος	étant trouvé le feu
la	λανθανοντος	caché
lucerue	λυχνου κορυκι νεανικω	de la lampe par le vulgarisateur courageux
le	λητουργου	du prophète
cautou	κανονιζεται ονει-ρολογιαν	sera établie la règle de l'interprétation des visions
destorué	δεσποζοντος τορωμε-μου νεωτερισμω	régnant le proclamé par la révolution.
Quaud	ανδυομενος κυανεου	sortant de dessous la couleur noire
ou	ων pour ο αναξ	le roi
verra	υετου εῤῥατμενος	arrosant de pluie
le	λευκοφαιος	sous les traits du gris Jupiter
graud	γρυπαιετον ανδκιοντα	l'aigle à bec de griffou iuceudiaire
coq	κοκκυζοντα	criant
au	αυγητειρα	à la lune
cereueil	εἰλλουσα κερας κυλλον	roulant son croissant déformé.

Traduction libre.

An moment où la matière noire putréfiée, en état de volatilisation, dans le vase du suffrage universel (la France), s'élancera, du fond de ce vase, vers son sommet, brillera la lampe ardente mise au jour par le philosophe hermétique vivant à la limite de l'Anjou et de la Bretagne, sur un coteau dont la Loire baigne le pied, autrement à Ingrandes-Montrelais, vrai Breton affecté d'une apophyse sinueuse (déviation de la colonne vertébrale). Le vulgarisateur courageux du prophète ayant trouvé le feu caché de la lampe, établira la méthode de l'interprétation des oracles, sous le règne de l'aigle révolutionnaire, alors que sortant de la couleur noire le

Roi, sous les traits du gris Jupiter, arrosera de pluie l'aigle à bec de griffon incendiaire, criant à la lune roulant son croissant déformé.

NOTE.

M. de Notredame a, dans ses centuries, désigné son traducteur par des indications de résidence assez précises, par des marques le caractérisant, au physique et au moral, d'une manière assez frappante pour qu'il ne puisse pas se méconnaître ni être méconnu des autres.

C'est l'*Alcyon*, oiseau de Notre-Dame ou Monnier, avec son plumage légèrement irisé paraissant avant la corneille ; c'est la *Lyre*, avec son plumage plus fortement irisé paraissant après la corneille et avant la colombe, gris oiseau (I, 17. — VI, 44. — IV, 55. — II, 15. — I, 100.)

C'est le *Figulier cherchant argile neuve.* (IX, 12.)

Figulier	φεγγων υλην ιεραν	faisant briller la matière sacrée
cherchant	χερσων χευμα αντιον	fixant le volatil ennemi
argile	αργου ειλοντος	le blanc couvert, enveloppé
neuve	νευροπαστησαντος	ayant mis en mouvement la pluie
	υετον	

C'est le traducteur de Boure. (IX, 1.)

Dans la maison du traducteur de Boure
Seront les lettres trouvées sur la table
Borgne, roux, blanc chenu . . . .

Dans	δαις ανστησει	Typhon excitera
la	λαον	le peuple
maison	μαιευσει σω	contre la mise au jour entière

du	δυναμεως	du sens
traducteur	τρανομενης δυνατωσ κτισεως ευρυθμης	éclairci savamment de l'œuvre har-monieux
de	δεσεως	de la fixation
Bourc	Βοος καιουσης υρι	de la matière en la cuisant avec le feu.
Seront	σηραντες οντοις	irrités contre les réalités
les	λησομενοις	cachées
lettres	συμβαινω τρεσεων λειτουργου	dans le résultat de l'agitation du prophète, les oracles
trouvées	τρωυματιζοντες υηνιας εστιουσης	les malfaiteurs de la pourriture dévorante
sur	συρρηξουσι	se déchaîneront
la	λαβρως	avec violence
table	ταμια βλεποντος	contre le vulgarisateur du voyant,
Borgne	Βορειω γνησιω	affecté d'une apophyse naturelle
roux	ρουσιω ξηρω	châtain, sec, sobre
blanc	βλητω αγκων	courageux des bras, travailleur
chenu	χηνεω νυμφαληπτω	moqueur (mordax) d'une imagination frénétique.

C'est le *Nouveau Sophe sur le haut mont* (IV, 31), le nouveau philosophe hermétique de Montrelais, sa résidence. — *Mons relaxus* est l'étymologie de Montrelais.

Quand l'escriture D. M. trouvée. (VIII, 66.)

Quand	ανδυομενος κυανεου	sortant de dessous la couleur noire
l'escriture	λειαεστουσα κρινοχρουν τυρεομενην	la pierre revêtant la couleur blanche brouillée (grise)
D. M.	δεθησεται μονος νυσσων εραν ου διονυσιος μονος νυσσων εραν τρουματισεται	
trouvée	τρωυματιζονταις υηνιας εστιουσης	par les malfaiteurs de la pourriture dévorante.

Le divin Verbe sera du ciel frappé (II, 27); l'interprète de la prophétie sera frappé d'aveuglement et arrêté dans son travail en 1878.

*Le Pénultiesme du surnom de prophète pren-
dra Diane pour son jour et repos.* (II, 28.) L'a-
vant-dernier de ceux à qui l'on donnera le surnom
de prophète, arrivera au port de salut alors que le
roi sera à l'état de Lune.

Révol. ital. Garibaldi. 1862.	Clarté fulgure à Lyon apparente Luysant print Malte subit sera esteinte Sardon mauris traitera decevante Genève à Londes a coq trahison fainte. (6ᵉ Q.)

Sens précurseur.

Garibaldi, comme un éclair qui précède la foudre,
viendra effrayer Pie IX. Il prendra Mélito des Ca-
labres par la faiblesse de caractère des trafiquants
anglais de Malte pour s'éteindre bientôt à Aspro-
monte. Là, le roi de Sardaigne, par les soldats piémontais du camp Saint-Maurice, traitera d'une façon
décevante l'aventurier qui n'aura agi qu'avec son
aveu. Il le combattra d'une manière déloyale, et
après l'avoir blessé, il l'emprisonnera comme ennemi.
Le protestantisme de Genève, père de la Révolution,
poussera Palmerston et Russell, ministres du gouvernement parlementaire des Anglais, maîtres de la
mer, désirant l'unification de l'Italie sous le sceptre
de Victor-Emmanuel, à trahir en apparence le roi
par l'appui accordé à Garibaldi qui le combat.

Version littérale.

Clarté fulgure à	χλαρω τεμενω φυλασσομενω κυριου ρηκτηρος αυων	Sur le patrimoine consacré confié à la garde du Pontife-roi incendiant

Lyon	λυων	dissolvant
apparente	παρεντευξεται απο τερας	se rencontrera inopinément le signe τερας = Garibaldi = Gari guerrier baldi éclair.
Luysant	υς λυομενη αντια	la matière dissoute ennemie
print	τεθεισα πριν	ayant placé à sa tête
Malte	μαλαρον τερας	le violent Garibaldi
subit	συβαριτον ιτητικον	sybarite téméraire
sera	θηρασει	poursuivra
esteinte	ινες εστεμενους τειχομαχια	les forces établies pour la défense.
Sardon	σαρδων ωναξ	des Sardes le roi
mauris	υς μαυρος	matière puante noire
traitera	τρανητει ιτην ραδιουρ-γως	percera d'une balle l'entreprenant avec déloyauté
decevante	δησασ κευσει αντιω	l'ayant arrêté, l'emprisonnera comme ennemi.
Genève	γενετης υεων	celui qui a engendré les porcs
à	αξει	poussera
Londes	λογεις δεσποτιναυτι-κων	les avocats des maitres de la mer
à	απαταειν	à tromper
coq	κοκκυζοντα	le coq piémontais
trahison	ισοτραπεζοντες	dont ils partagent les idées
fainte	φαινοντες τερατι	en se montrant pour Garibaldi.

Traduction libre.

On verra tout-à-coup sur le patrimoine consacré du Pontife-Roi apparaître Garibaldi portant avec lui l'incendie et la dissolution. La matière en putréfaction ennemie ayant élu pour chef Garibaldi, l'aventurier violent et débauché poursuivra les forces réunies pour la défense. Victor-Emmanuel, roi des Sardes, matière puante noire, d'une façon déloyale percera d'une balle l'aventurier, l'arrêtera et l'emprisonnera comme un ennemi. Le Protestantisme, père de la Révolution, poussera les ministres du gouvernement parlementaire anglais à tromper Victor-Emmanuel dont ils partagent les idées en appuyant Garibaldi qu'il combat.

NOTE.

Garibaldi (Joseph), né à Nice, le 4 juillet 1807, est mort le 1ᵉʳ juin 1882 à Caprera. Cet Italien qui pendant plus de trente ans a joué un rôle assez tapageur et qui portait le titre de général, représentait le courage brutal, la violence sans raisonnement et les aspirations aux satisfactions toutes matérielles des révolutionnaires. Mazzini l'appelait : main sans bras, tête sans cervelle : cet homme, disait-il, qui a le courage aveugle de l'idiot ou de la brute, ne peut arriver par la force des choses qu'à être tout au plus une illustre ganache. Les journaux italiens, appréciant le discours qu'il prononça à Velletri en 1875, ne se gênent pas pour dire que c'était le langage d'un enfant imbécile parlant sottement. Nous reviendrons à ses faits et gestes.

Le nom de Garibaldi semble formé de *Gara*, en composition : *Gari batailleur* et *baldi*, *éclair*, *feu de joie*, *flamme d'un moment*. D'autres prétendent, comme Cocheris, que Garibaldi est l'équivalent de *Gerbaut* (javelot hardi, guerrier heureux), nom franc qui s'est écrit Garibald au viᵉ siècle et Gerbald au ixᵉ, ce qui donnerait à Garibaldi et Gerbault une même origine germanique.

M. de Notredame le désigne par ces mots : Cerveau débile (I, 11), faulse brute fragile (I, 12), le vieillard roi au demy-pourceau (III, 69). Quand le pourceau demy-homme on verra (I, 64), au Roy de longue et amy au my-hom (VIII, 41), etc.

Rév. italienne.	Verceil, Milan donra intelligence
V. Emm.	Dedans Tycin sera faicte la playe
Nap. III.	Courir par Seine, eau, sang, feu par Florence
Gd duc de Toscane	Cuique cheoit d'haut en bas faisant maye. (7e Q.)

Sens précurseur.

Verceil de Piémont sera durant la guerre d'intelligence avec Milan ville soumise aux Autrichiens. Le passage du Tessin sera le *casus belli*, et par suite, la cause des maux de l'Italie et de l'Église, et fera accourir de Paris une partie de l'armée française. Aussitôt l'insurrection dans Florence fera tomber le seul qui, au temps du prophète, portait le titre de grand-duc. Cela aura lieu le 29 avril dans les calendes de mai. Le grand tombera en montant en voiture pour l'exil.

Version littérale.

Verceil	υι ειλοντι ερχοις	à la matière noire en putréfaction, enveloppée dans ses forts
Milan	μιαροι λανθανοντες	les criminelles sociétés secrètes
donra	δοντες ραδικον	donnant rameau, c. à d. aide et protection
intelligence	ινες τελουσι λυκεντι κελαινοφροντι	les forces naitront au loup dissimulé.
Dedans	δεδασμενη δαϊς ανστη-σασα	l'enflammé torche (Typhon) ayant poussé
Tycin	τυχη κινδυνου	à l'événement de la guerre

sera	θηρασει	poursuivra
faicte	φαινοντα ικτεουσι	le donnant lumière aux suppliants
la	λαλεοντα	élevant la voix
playe	πλανοις υεων	contre les égarements des porcs.
Courrir	κουριας ραγων	la tête rase dévastatrice
par	παραθητευ ας	s'étant mise au service
Seine	σειστων νεμεστητων	des révolutionnaires haineux
eau	εαυτος	lui-même
sang	αγων σεισμα κωλοις	portant l'ébranlement dans les membres
feu	φευξεσθαι	pour faire fuir
par	παραβαινων	en violent la justice
Florence	φλωρον εγκαθημενον	le mâle fixe (la matière royale).
Unique	κυεων ινος	issu du fixe
cheoit	χεει ιταμοτητον	laissera tomber sa bravoure
d'haut	δεχομενος αυτεξουσιος	le légitime souverain (Grand-duc)
en bas	εμβας	étant monté dans le char d'exil
faisant	φανομενος ισος αντιω	dénoncé comme ennemi
maye	μαζα υεων	proie des porcs (gens aux appétits matériels).

Traduction libre.

Les sociétés secrètes de Milan donnant la main aux révolutionnaires piémontais retranchés dans leurs villes de guerre, le loup, dissimulé jusque-là, prendra des forces. Napoléon III, vrai Typhon qui aura poussé à la guerre, se mettra à la poursuite du Pape donnant la lumière à ceux qui l'implorent, et élevant la voix contre les égarements des gens aux appétits matériels. Napoléon III, ravageur à tête rase, se mettant au service des révolutionnaires haineux, portera lui-même l'ébranlement dans toutes les parties de l'Italie, afin d'en chasser d'une façon arbitraire et injuste tous les souverains. Le grand-duc de Toscane, souverain légitime, issu de race royale, renonçant à se défendre, montera un des premiers sur le char de l'exil, dénoncé en qualité d'ennemi. comme une proie des révolutionnaires.

NOTE COMPLÉMENTAIRE.

Loup, en latin *lupus;* en grec λυκος, parce qu'il ne se montre qu'au déclin du jour pour disparaître à l'aube. C'est un animal du crépuscule λυκη. Le mot loup est formé, en somme. de deux mots grecs : λυκη, à la lumière υπαγων, se retirant.

Voici l'explication symbolique de Creützer sur les rapports du soleil et du loup :

« Latone vint de la Thrace en Lycie, et de la Lycie à Délos et à Delphes ; elle parut sous la figure d'une louve, comme Apollon sous celle d'un loup. λυκη veut dire lumière : λυκος était le soleil Dieu-loup. L'année solaire s'appelait λυκαβας. On nommait l'année, la carrière, la route ou le passage des loups, parce que les jours où les soleils qui la composent se lient et se succèdent entre eux comme les loups qui, voulant passer un fleuve rapide, se tiennent par la queue les uns les autres. L'année est ce fleuve, et les loups, animaux douteux qui appartiennent à la fois aux ténèbres et à la lumière, sont ces périodes de temps formées de la nuit et du jour, et qu'on appelle proprement jours : les monuments viennent confirmer cette assertion. L'image du loup et l'idée de lumière furent indissolublement liées l'une à l'autre. λευκος, blanchâtre, gris, peut être l'étymologie commune des deux noms, et la couleur du loup s'y prête assez. (πολιον λυκον, Théocrite.) λυκη, λυγη, *lux* signifient le crépuscule, la lumière douteuse du matin et du soir. λυκοφως, αμφιλυκη, l'instant où le loup paraît et se retire, touche de plus près au fond de l'idée.

« Le loup appartient au grand genre chien : il ne s'en distingue que par sa vie constamment sauvage. Le loup commun a la taille de nos plus grands chiens et la physionomie d'un mâtin, et il ne s'en distingue que par ses oreilles et sa queue droites, et l'obliquité de son regard. » (Dup. de Vorrep.)

Loxus définit le loup : *animal rapax, iracundum, insidiosum, audax, violentum*. Les hommes qui leur ressemblent sont rusés, impies, se plaisent dans le sang, sont faciles à irriter, ont la mauvaise habitude de refuser ce qui leur est offert et de prendre ce qu'on ne leur donne pas.

Porta le dépeint violent, dur, lâche, féroce, passionné, traître et sanguinaire.

Boëce : *avaritia fervet alienorum opum violentus ereptor*.

Dans l'Écriture sainte, les loups ravissants, violents et cruels symbolisent les voleurs et les avares, les magistrats, les tyrans et les persécuteurs qui volent les peuples et s'abreuvent de leur sang sans être rassasiés jamais.

Révol. italienne.	Près de Linterne dans de tonnes fermez
François II.	Chivas fera pour l'aigle la menée
Siége de Gaëte.	L'eslcu chassé luy ses gens enfermez
Mariage de Jér. N.	Dedans Turin rapt espouse emmenée. (8e Q.)

Sens précurseur.

Le roi de Naples se retirera dans les tours de Gaëte, bâties près des ruines de Linterne. Aussitôt le Piémont agira conformément aux vues de l'aigle, et le roi enfermé avec les siens sera chassé de ses États. En emmenant de Turin une épouse par un mariage conclu tout à coup, la France aura fait connaître son alliance avec le Piémont.

Version littérale.

Près	πρεσβυς	le roi
de	δεχομενος	légitime
Linterne	τερματι λινοθωρακι νησω	dans sa clef frontière cuirassée de sacs à terre, en une île
dans	δημω ανσστελεται	sera assiégé par l'ennemi
de	δεησει	manquera
tonnes	τονου νηστευσει	de force, sera privé d'aliments
fermez	φεριστος μεζων	le très brave, le très fort.
Chivas	υς αστος χιαζομενος	Le porc, couvert de boue, ayant dans ses armes la croix de Savoie
fera	φερομενος ραγεις	ayant porté le ravage en défonçant
pour	υρι πολεμου	avec le feu de la guerre
l'aigle	λαου αικτηρ ληιστης	l'impétueux déprédateur choisi par le peuple aigle,
la	λαβων	se chargeant
menée	μηχανης νεηπολει	de l'intrigue contre Naples.
L'esleu	ληψεται εστιαν λευκου	sera prise la retraite du roi blanc
chassé	χασκομενην σειομενην	entre ouverte, ébranlée
luy	υιω λυματος	par le fils de la putréfaction
ses	υης	avec ses
gens	γενοις συνεργεομενοις	parents soutenus
enfermez	εναγωνιοις φερεγγυοις μαζωνοις	par des guerriers intrépides et forts.
Dedans	δεδασμενη δαις αναστρεφουσα	Typhon allant et venant

Turin	τυρωμενη ινωτεα	dans la matière agitée à purifier (Turin)
rapt	ραγεισα πτερυγωκως	ayant enlevé avec rapidité
espouse	σηπιαν εσπαρτεαν ουλω	l'humide noir féminin à féconder par le sec, mâle (épouse)
emmenée	εμπεδωσει μηχανην νηημενην	confirmera l'intrigue ourdie.

Traduction libre.

François II, roi légitime des Deux-Siciles, sera assiégé par l'ennemi dans la forteresse cuirassée de Gaëte, bâtie sur la frontière de ses États, dans une île voisine des ruines de Linterne. Il s'y défendra avec vigueur et courage, tant qu'il aura des munitions et des vivres. Victor-Emmanuel, aux appétits matériels insatiables, portant la croix de Savoie dans ses armes, le bombardera, tandis que l'aigle napoléonienne, violente déprédatrice, choisie par le peuple, se chargera de l'intrigue contre Naples. Entr'ouverte et ébranlée, la retraite du roi blanc tombera avec sa famille et ses vaillants défenseurs au pouvoir du fils de la putréfaction. L'intrigue, ourdie entre la France et le Piémont, sera dévoilée par le mariage conclu tout à coup entre le prince Jérôme et la princesse Clotilde.

NOTE.

Le siège de Gaëte, commencé à la mi-novembre 1860, a été terminé le 13 février 1861.

Le mariage du prince Jérôme Napoléon avec la princesse Clotilde, fille de Victor-Emmanuel, a été célébré le 30 janvier 1859.

Rév. italienne	Pendant que l'aigle et le coq à Savone
N. III. Vict. Emm.	Seront unis mer. levant et Ongrie
	L'armée à Naples. Palerne. marque d'Ancône
La Papauté.	Rome. Venise par barbe horrible crie. (9e Q

Sens précurseur.

Pendant que l'aigle de France (Nap. III) sera unie au coq du nord de l'Italie (Vict. Em.) contre Rome, lieu de sacrifice expiatoire (Savone) des socialistes passeront par mer, et dans le temps où les chrétiens seront massacrés dans le Levant (Syrie), et qu'une insurrection se préparera en Hongrie, la défection de l'armée, à Naples. causera le triomphe des Rouges, qui feront pousser d'horribles cris à Palerme, à Naples, aux marches d'Ancône, à Rome et à Venise.

Version littérale.

Pendant	πεντεδισσεται αντα ποστροφης	Pendant deux fois cinq ans d'une aversion mutuelle
que	κυεοντες	pleins
l'aigle	λαου αικτηρ ληιστης	l'impétueux déprédateur du peuple (l'aigle napoléonienne)
et	ετι	et
le	ληιστης	le ravageur
coq	κοκκυζων	coq piémontais
à	αντησουσι	feront la guerre
Savone	νηοπολω σαιρουτι υουτι	au gardien du temple, nettoyant en arrosant d'eau.
Seront	στρασουσι οντα	prendront à la chasse les propriétés
unis	υιοτι	avec leurs gros bataillons
mer	μεριδες	les factions
levant	αντιαομενοι λευκου	rendues ennemies du pur, du blanc
et	εταιριαις	par les sociétés
Ongrie	ογκοονταις ρυεισαις	révolutionnaires s'étant répandues.

L'armée	λαος αρειμανης μευψει	le peuple agité des fureurs de Mars s'ameutera
à	αντι	contre
Naples	ναιταις πληθεσι	les habitants riches
Palerne	ερνεοις παλαιων	les descendants des races antiques
marque	κυουσι μαρμαρυγας	ceux qui portent en leur sein des lumières brillantes
d'Ancône	διδασκουσι αγκωνι νειν	ceux qui enseignent au bras à nager, à travailler.
Rome	Ρωμη	contre tout pouvoir temporel et spirituel, dont le Pape est le type
Venise	νετιζουσα νιζετεα	arrosant pour purifier
par	παραβλεπομενη	étant méprisée
barbe	βαρβαροι βησονται	les barbares marcheront à l'assaut
horrible	ρυαχετος θλεπτεος ορρωδια	la multitude confuse et bruyante devant être regardée avec horreur
crie	νεων κραζει	des porcs poussera de grands cris.

Traduction libre.

Pendant une dizaine d'années (1860-1870), l'aigle rapace de France (Nap. III) et le coq ravageur du Piémont (Victor-Emmanuel), animés de sentiments de haine qu'ils échangent feront la guerre au Pape, possédant le pouvoir de purifier la Société avec les eaux de la pénitence et de la grâce. Les factions organisées contre les pouvoirs légitimes par les sociétés révolutionnaires trop répandues s'empareront des provinces italiennes avec leurs gros bataillons. Le peuple, agité des fureurs de Mars, se soulèvera d'un bout de l'Italie à l'autre contre les riches, les nobles, les supériorités intellectuelles, ceux qui prêchent le travail. Contre tout pouvoir temporel et spirituel, élément d'ordre et de purification dont la Papauté est le type, devenu objet de mépris, on verra les barbares se ruer, on verra la multitude confuse et bruyante, aux appétits détestables des porcs, pousser de grands cris.

NOTE.

1° *Rome* Ρωμη, ville de l'Italie centrale, résidence du Pape, siège du gouvernement de l'Église catholique, capitale des États pontificaux et chef-lieu de la Comarque de Rome, sur le Tibre.

Pour les fidèles croyants, dit Cornelius a Lapide, Rome est ρημα et ρυμα, c'est-à-dire oracle et boulevard de la foi ; pour les pénitents, ρυμμα, lieu de sacrifice expiatoire, Savon ; pour les saints, *Rama*, c'est-à-dire hauteur de la vertu ; pour les gens pieux et solitaires, ρομη, carrefour, solitude du clergé ; pour les forts, ρωμη, force d'esprit et de corps ; Rome est encore ρυμος, le timon pour le cocher et la rame pour ceux qui voyagent vers le ciel ; par anastrophe, *Roma* est *amor* de Dieu et du ciel exprimant ainsi l'union sainte qui devait régner entre ses citoyens.

Eus. Salverte prétend que Servius dérivait le nom de Rome du Tibre, primitivement appelé Rumon, équivalent à : qui dévore ses rivages ρευμα de ρυομαι, couler, fille du fleuve. Fonger présente le mot hébreu *Ram*, *Roum* = *Extoli*, *Excelsus*, sublime, exalté, comme racine de Rome. *Ram*, *Roum* aurait facilement produit *Rum*, *Rom*, *Roma* ;

2° *Vie Chrétienne.* Les livres saints nous présentent la vie (matérielle et spirituelle) comme un passage devant s'effectuer au moyen de véhicules qui, sur mer sont des navires, et sur terre des chars. Ici, les passagers sont les fidèles, les navires sont les prélats ou du moins les pilotes qui doivent conduire les autres au port du Salut ; l'arche de Noë, la barque de Pierre, c'est l'Église soutenue par le divin poisson (ιχθυς, dont les cinq lettres commençaient les mots suivants : ιησους χριστος θεου υιος σωτηρ. Jésus-Christ, fils de Dieu, Sauveur poisson-sauveur figuré sur les monuments par un phoque ou un dauphin que les anciens confondaient). Là, c'est Élisée criant à Élie : « Mon père, vous êtes le char d'Israël et son conducteur » (IV, Reg., II, 12) ; ce sont les cochers du cirque qui dirigent le char dans la lice, de manière à gagner la palme. C'est la nature matérielle de l'homme assimilée au cheval, guidée par sa nature spirituelle comparée au cavalier.

La mer agitée par les vents, les flots, les tempêtes, par le flux et le reflux symbolise souvent, dans l'Écriture, la vie du siècle, la vie du monde où tout est plein d'amertume, d'inconstance et de périls. *Hoc mare magnum et spatiosum manibus, illic reptilia quorum non est numerus, animalia pusilla cum magnis : illic naves pertransibunt, Draco iste quem formasti ad illudendum ei.* (Ps. c111.) C'est là cette mer immense que nous, chrétiens (*Pisciculi*), devons traverser avec les pieds et les mains (symboles de l'action et de l'œuvre), c'est-à-dire avec les bonnes œuvres pour arriver à la terre promise, car nous ne pouvons

être sauvés en demeurant en Égypte ou au Désert ;
il nous faut passer la mer Rouge et le Jourdain
(l'eau des sacrements empourprée du sang du
Christ) appuyés sur les mérites de Jésus-Christ

Une mer d'embûches, s'écrie saint Augustin,
nous environne, nous circonvient. Qui dira le nombre
des tentations d'orgueil, de luxure et d'avarice qui
rampent comme des reptiles et voudraient s'emparer
de nous ? Qui dira le nombre des petits poissons dé-
vorés par les gros ? Cependant les navires y
passent, c'est-à-dire les églises (nefs) pilotées par
les évêques de Jésus-Christ, avec le concours des
passagers, traversent à force de rames les flots du
siècle et ses périls, et enfin arrivent au port.

Rév. Ital. Nap. III. Vic. Em. Congrès de Lausanne. Défaite des Autrichiens.	Puanteur grande sortira de Lausanne Qu'on ne scaura l'origine du fait L'on mettra hors toute la gent loingtaine Feu veu au ciel peuple estranger desfait. (10e Q.)

Sens précurseur.

Du congrès de Lausanne sortira la révélation de
principes pestilentiels qui tueraient la Religion et la
Société. On ne soupçonnera pas que la classe ouvrière aura été amenée à s'insurger contre les lois
divines et humaines par les écrits et les excitations
d'un empereur, fils aîné de l'Église. Pour trouver
l'origine de l'Internationale (du fait), on devra
remonter au moment où l'on aura parlé de chasser
d'Italie, l'Autrichien en garnison loin de son pays
natal. Le peuple, attaqué comme étranger, sera

défait par les canons rayés employés pour la première fois et qui alors seront « le feu vu descendu du ciel » dont parle l'Apocalypse pour le même événement.

Version littérale.

Puauteur	πυθεδων ανταια ευρυτενης	une putréfaction funeste s'étendant au loin
grande	γρυπαιετου ανδεομενου	l'aigle à bec de griffon couronné
sortira	τυραννοντος σωρον	gouvernant la multitude
de	δηλωσει	se manifestera
Lausanne	λαλαγγυσι αναζητουσι νεωτερισμον	au congrès des porcs demandant la révolution.
Qu'on	κυαμενων ωναξ	le chef élu par le suffrage universel
ne	νεμησει	distribuera
scaura	αυρας σκιας	des excitations coupables
l'origine	λαω ορυκτεος ινας	au peuple pour saper au-dessous les forces
du	δυναμεως	du pouvoir
fait.	φαινοντος ιτεου,	éclairant les vivants.
L'on	λαου ωναξ	le chef populaire
mettra	μενα τραπεζογιγαντι	avec l'homme aux appétits gigantesques
hors	ορσολοπευσει	attaquera
toute	τους ετερης	ceux d'une autre
la	λαλαγης	langage
gent	γενθεντες	habitants
lointaine	ταινιαν λουτεαν ινησι	la contrée à laver par des purgations
Feu	φευξοντες	les ayant fui
veu	υες ευοντες	les porcs incendiaires
au	κυθεντες	meurtriers
ciel	κιθδηλευοντες ελεσελας	altérant la lumière
peuple	πευκαις πλεουσι	avec des vaisseaux nombreux
estranger	εστραμμενοι αγγαρευσουσι εραστχρηματον	revenus sur leurs pas contraindront l'avare
desfait	δεσποτεια φαεινου ιτου	à l'autorité souveraine du blanc brave.

Traduction libre.

Sous le règne populaire de l'aigle napoléonienne on verra sortir du congrès de Lausanne tenu par des gens livré à leurs sens matériels, demandant le bouleversement de la Société, la révélation des principes pestilentiels devant porter au loin leurs ravages. Le chef élu par le suffrage universel excitera le peuple, par des écrits subversifs, à saper les fondements du pouvoir du Pape qui, comme un phare éclaire les vivants. Napoléon III, l'élu du suffrage universel uni à Victor-Emmanuel dont la convoitise est gigantesque, attaquera ceux qui, parlant un autre langage que l'italien, habitent la péninsule malade. Les Autrichiens fuiront devant ces gens livrés à leurs instincts grossiers n'aspirant qu'aux incendies, aux meurtres et à l'altération de toute lumière, mais revenant sur des vaisseaux nombreux ils les soumettront à l'autorité souveraine du vaillant roi blanc.

NOTE.

1º Le congrès de Lausanne a eu lieu le 2 septembre 1867. On y proclama les doctrines communistes, la possession collective du sol, l'abolition de l'héritage, etc.;

2º La Révolution française incarnée dans Napoléon III, bête élevé de terre, animera et fera parler la Révolution italienne, bête élevée de la mer. (Apocalypse.)

Ces deux bêtes représentent Typhon né du limon, (terre et eau) qui, avec son adustibilité corrosive, tient de la terre, et avec son aquosité corrompue et putréfactive tient de la mer.

Rév. Ital. Custozza-Lissa 1866. Cession de la Vénétie.	Peuple infiny paroistra à Vicence Sans force feu brusler la basilique Près de lunage desfait grand de Valence Lorsque Venise par morte prendra pique. (11° Q.)

Sens précurseur.

Le peuple de l'Italie en révolution (la bête de la mer), voulant vaincre paraîtra sans force, puis inactif à Custozza qui se trouve en Vénétie ainsi que Vivence (1866). Le feu brûlera le Re d'Italia au combat livré dans le même temps à Lissa. Le vaillant Victor-Emmanuel possesseur de Valenza aura été défait un peu avant d'entrer dans la lagune de Venise. Venise se piquera d'avoir été annexée par suite d'une défaite et après avoir été cédée par l'Autriche à Napoléon III.

Version littérale.

Paroistra	παροικεοντες ιστρον ραγδιον	ceux qui habitent près le Danube, rapide
peuple	πευκας πληροοντες	ayant équipé leur flotte
iutiny	ινα φυλασσειν νυξουσι	dans le but de se défendre porteront des coups
à	αντaιους	funestes
Vicence	υἵ κενη κειουσῃ	à la matière en putréfaction, en état de mort, brûlante.
Sans	σχινδοτορεοντες σελματα	perçant comme une planche les navires
force	φορτοις κεομενοις	avec des charges enflammées

feu	φευξοντο	ils feront fuir
brusler	βρυκοντες ισως ληρον	submergeant comme une bagatelle
la	λαρνακα	le vaisseau
basilique	κυεοντα βασιλεια	portant sur son sein les insignes
	ιλλιτενεα	du roi roulées en spirale.
Près	πρεσβει	pour le roi
de	δεξομενω	reconnu légitime
lunage	ναιασ-γης λυπομενης	de la terre-eau (lagune), enviée, convoitée (Vénétie)
desfait	δεσπωσει φαεινος ιτης	remportera la victoire, le blanc brave.
grand	γρυπαιετου ανδαιο- μενης	l'aigle à bec de griffon incendiaire
de	δεουτης	absent, faisant défaut
Valence	υηνια αλλοθι εγκατα- βιοντος	passant sa vie ailleurs dans la débauche.
Lorsque	κυεον λημα ορσειν	ayant conçu le désir de ressusciter
Venise	υδωρ ενιημενον υι σειομενη	l'eau de pluie lancée dans la matière noire agitée (Venise)
par	παρασταμενον	annexée
morte	μορφω τεθεν	par le fourbe, ayant été donnée en gage
prendra	πρην δρακοντι	auparavant au Typhon (Nap. III)
pique	κυεσει πικρασμον	concevra de la haine.

NOTE.

1° φυλασσειν, dans infiny = conserver, défendre, rappelle *Custozza*, mot italien qui signifie : garde ;

2° σανδστορεοντες, perçant comme une planche, rappelle *Persano* commandant la flotte Italienne ;

3° βρυκοντες, submergeant, rappelle l'*Affondatore*, vaisseau italien ;

4° ισος, ayant le même sens que λισσος, α, or, rappelle *Lissa* ;

5° φαεινος, le blanc, rappelle le prince *Albert*

commandant le corps d'armée victorieux. Albus, blanc, brillant ;

6° *La Basilique,* c'est-à-dire le vaisseau portant le nom de *Re d'Italia,* avec les armes du roi ;

7° *Venise,* ville où pendant onze siècles le pouvoir fut exercé plutôt par une aristocratie puissante et ombrageuse que par le peuple proprement dit.

Traduction libre.

Les Autrichiens, ayant armé leur flotte dans un but de conservation et de défense, porteront des coups funestes aux révolutionnaires italiens, matière à l'état de putréfaction brûlante. Ils remporteront à Lissa une victoire navale en tronant de boulets leur flotte commandée par l'amiral Persano, et en coulant comme un fétu le *Re d'Italia,* vaisseau portant en poupe les armes du roi. Le prince Albert au nom de l'empereur d'Autriche, chef légitime de la Vénétie remportera une brillante victoire à Custozza sur les troupes de Victor-Emmanuel convoitant cette province et cela pendant l'absence de l'aigle napoléonienne occupée ailleurs de ses plaisirs. Venise, ville aristocratique, qui avait conçu des projets de résurrection, annexée au royaume d'Italie par le fourbe Victor-Emmanuel, après avoir été donnée en gage à Napoléon III laissera fermenter en son cœur un levain de haine.

Rév. ital.	Apparoistra auprès de Buffalorre
Nap. III. Vict.-Em.	L'haut et procère entré dedans Milan
Magenta-	L'abbé de Foix avec ceux de saint Morre
Buffalorre.	Feront la forbe habillés en Vilan. (12° Q.)

Version littérale.

Apparoistra	απο παροικεοντων ιστρον ραγδαιον	De ceux originaires des bords du Danube impétueux
auprès	πρησσομενων αυτη	foudroyés dans un combat
de	δεσποτης	vainqueur
Buffalorre	φαλλος βυων οφων ρεοντων	le phallus rempli de sérosités coulantes Buffalorre, Magenta)
L'haut	λαου αυταρχης	l'Empereur du peuple Nap. III)
et	εταιρω	avec son compère (Victor-Em.)
procère	προπονεοντι κερδοις ρεομενοις	ayant travaillé à l'avance par des largesses répandues
entré	εντος ρευσεται	passera dedans
dedans	δεδιως αναστασεας	craignant les émeutes
Milan	μιαρων λανθοντων	des criminels cachés
L'abbé	λιαν αββασκεοντι	par celui qui fait descendre abondamment
de	δεοντα	la manquante
Foix	φωτα ιξουσι	lumière aux suppliants
avec	αυτεξουσιω εκκλησιας	chef de l'Eglise
ceux	καθολικοις ευξυνθεται	aux fidèles catholiques
de	δειχθησοντι	seront démasqués
sainct	σαινοντες κτεινοντες	les meurtriers
Morre	μωρους ρηγνυεντες	les insensés, les destructeurs
Feront	φεροντες οντων	les ravageurs des biens réels
la	λαου	du peuple
forbe	φορησουσι βεβαιωτεοι	porteront pour se faire croire
habillés	ιλληματα αββιαστα	des vêtements pauvres
en	εναχουοντες	obéissant
Vilan	υι λανθοντι	au Typhon caché

Traduction libre.

Vainqueur des Autrichiens foudroyés à la bataille de Magenta, l'empereur populaire Napopéon III atteint dans son corps par la syphilis, l'âme en proie à la peur d'une émeute des Sociétés secrètes entrera à Milan travaillée à l'avance par des largesses, en compagnie de Victor-Emmanuel, son digne allié. Le pape Pie IX, chef de l'Église qui fait descendre avec abondance la lumière nécessaire à ceux qui la demandent, démasquera aux catholiques ses sujets les agitateurs, les meurtriers, les insensés, les destructeurs. Les ravisseurs des véritables biens du peuple pour donner plus de crédit à leur parole revêtiront l'habit du pauvre, conformément à la consigne du Typhon caché.

NOTE.

La bataille de Magenta, gagnée en 1859 par les Français sur les Autrichiens, eut son principal engagement vers le pont de Buffalorre.

Napoléon III.	Le croisé frère par amour effrénée
	Fera par praytus Bellephoron mourir
Fait scandaleux.	Classe a Milans la femme forcenée
	Beu brevage tous deux après périr. (13º Q.)

Ce quatrain signale un fait scandaleux produit à la cour de Napoléon III, présentant beaucoup d'analogie avec l'aventure de Bellerophon relatée dans la mythologie grecque.

Bellerophon ou Bellephoron (φορῶν, porteur, λέξεως de lettre βέλους de mort), fils de Glaucus, roi de Corinthe, ayant tué involontairement son frère à la chasse, alla se réfugier à la cour de Proetus ou Praytus, roi d'Argos (πραΰτερος, calme, τιστες dans sa vengeance). Antée, femme de ce prince, s'étant éprise du jeune héros, et l'ayant trouvé insensible, l'accusa, près de son mari, d'avoir voulu la séduire. Le roi, pour ne point violer les droits de l'hospitalité en tuant lui-même Bellerophon, l'envoya à son beau-père, Jobatès, roi de Lycie avec des lettres scellées dans lesquelles il priait ce prince de mettre à mort le porteur du message. Jobatès fit à Bellerophon l'accueil le plus hospitalier, et n'ouvrit les lettres qu'au bout de dix jours. Alors, il n'osa plus porter la main sur celui qui avait été son hôte. Néanmoins, dans l'espérance qu'il périrait dans cette lutte, il le chargea de combattre la Chimère qui ravageait la Lycie. Le jeune héros tua le monstre à l'aide du cheval Pégase qui lui avait été donné par Minerve. Bellerophon défit aussi les Solymes et les Amazones. Son innocence étant ainsi attestée par la protection des Dieux, Jobatès lui donna sa fille en mariage et le déclara son successeur. A cette nouvelle, Antée entra dans un si cruel désespoir qu'elle s'empoisonna.

Napoléon III. Portrait.	Le grand crédit d'or, d'argent, l'abondance Aveuglera par libide l'honneur Cogneu sera d'adultère l'offence Qui parviendra à son grand déshonneur. (14ᵉ Q.)

Sens précurseur.

L'affluence des valeurs fictives et de crédit, l'abondance d'or et d'argent en circulation, amèneront les hommes à laisser aveugler leur honneur par les passions. Les feuilles publiques révéleront l'inconduite des hauts personnages et les stigmatiseront.

Version littérale.

Le	λῃστης	le ravageur
grand	γρυπαιετος ανδεων	aigle à bec de griffon couronné
crédit	κρητιζων διττος	fourbe double
d'or	δεων οργης	manquant de cœur, froid
d'argent	δεων αργιας εντος	manquant de repos intérieur (ré-flexion ou conscience)
l'abondance	αγκεντητει λαον αδιον ονδ = εισοντα	excitera le peuple pauvre contre le riche.
Aveuglera	χυσει ραδιωσ γλημος ευς	il altérera vilainement la lumière noble
l'honneur	λαου ον νευρον	du peuple le vrai nerf,
par	παραχραομενος	abusant
libide	λιβαδος υδης	de l'épanchement spermatique.
Cognen	κολυσει γνησιας ευεκφορας	il restreindra les enfantements ré-guliers d'origine légitime
sera	ὑηραις	par des poursuites amoureuses
d'adultère	δεικνυωνηδυπαθηματα υλικα τερεα	enseignant des voluptés charnelles monstrueuses
l'offence	εγκομενα οποις λαου	placées sous les yeux du peuple.
Qui	χυισκων	ayant eu un fils
parviendra	παραδειγματιζων υιω δρασσεσθαι εναντιω	donnant un exemple à ce fils de se rendre prisonnier à l'ennemi
à	αμαχει	sans combat
son	σων	sain et sauf
grand	γρυπαινετος ανδεων	l'aigle couronné
déshonneur	δεσμευων ον νευρον	enchaînant le vrai nerf.

Traduction libre.

L'aigle couronné (Napoléon III), doublement fourbe, sans cœur, sans conscience, excitera le pauvre contre le riche. En se livrant au vice contraire à la chasteté, source de force physique et morale de l'homme, il aveuglera la raison qui est la lumière de la vie (*Lux vitæ ratio*). Par ses poursuites amoureuses, il restreindra les naissances légitimes en plaçant sous les yeux du peuple des voluptés charnelles désordonnées, monstrueuses. Ayant eu un fils, l'aigle couronné lui donnera le spectacle d'un père qui se rend prisonnier à l'ennemi sans combat, sans blessure, l'exemple d'une âme sans honneur.

NOTE COMPLÉMENTAIRE.

L'*honneur* consiste simplement à remplir tous ses devoirs envers Dieu, envers le prochain et envers soi-même.

Nap. III. Guerre avec la Prusse.	Vers aquilon grands efforts par homasse Presque l'Europe et l'univers vexer Les deux éclypses mettra en telle chasse Et aux pannon vie et mort renforcer. (15° Q.)

Version littérale.

Vers	υς ερσην	Le sanglier guerrier
aquilon	ακυρωσει ιλην ουσαν	annulera l'armée existante
grands	γρυπαιετου ανδεομενου σημαντηρος;	de l'aigle couronné commandant en chef
efforts	σφων ερωτομενού	lui-même ayant déclaré la guerre
par	παρα	au moyen de
homasse	ομασπισι σεσοριςμε νοις	compagnons de guerre bien disciplinés.
Presque	πρεσβυς κυεων	Le roi vieux portant dans sa pensée
vexer	υβριζειν εξερειπων	de châtier en abattant
l'Europe	ληιστην οπη ευροεντι	l'oiseau de proie à la vue portant au loin
et	ετι	et aussi
l'univers	λαον ινιν υγρου ερσηνος;	le peuple enfant de Vénus et de Mars.
Les	ληστευσει	Il emmènera comme butin
deux	δεσποτην ευσυλητον	le souverain d'une facile composition

eclypses	εκλυτον ψησαντα	sans vigueur disparaissant
mettra	μετα τραπεζοντους	avec ses créatures, ses serviteurs
en	εν	dans
telle	τελμα λειβουσα	la boue liquéfiée
chasse	χασμωτος σηπηδωνος	d'un abime de putréfaction.
Et	ετοιμαζων	préparant
aux	αυξησιν	la croissance
pannon	πανου νωνυμου	de la lumière obscurcie
vie	υδατι ιεντι	par sève circulant (vie)
et	ετι	et
mort	μορτω	par mort
renforcer	φορεων κερδον ρηνι	apportant profit à l'agneau.

Traduction libre.

La Prusse militaire (portant le sanglier dans ses enseignes) avec son armée instruite et disciplinée annihilera l'armée commandée par Napoléon III qui lui avait déclaré la guerre. Le roi de Prusse ayant pris la résolution de châtier et d'abattre l'aigle couronné aux visées ambitieuses, et le peuple, enfant de Vénus et de Mars (enclin au plaisir et à la guerre) fera prisonnier le chef d'une facile composition, disparaissant sans vigueur avec ses serviteurs dans la boue liquide d'un abime de putréfaction. La vie et la mort de Napoléon profiteront à Henri V en préparant la sublimation du soleil-lune enseveli dans la matière noire.

NOTE.

Au dire de Tacite, les Germains portaient des images de bêtes fauves dans leurs enseignes militaires et notamment des sangliers. Chez les Grecs et les Romains le sanglier était l'emblême d'un peuple cruel et superbe (Noël), et en général on le regarde comme un symbole de fureur guerrière et de brutalité.

Sur ces données, M. de Notredame a caractérisé par cet animal le Prussien venant brutalement ravager et dévaster la France.

Léon XIII.	Au lieu que Hiéron fait sa nef fabriquer
	Si grand déluge sera et si subite
Napoléon V.	Qu'on n'aura lieu ne terres s'attaquer
	L'onde monter Fesulan olympique. (16° Q.)

Sens précurseur.

A Rome, au saint des saints (ιερων), où la barque de Pierre se renouvelle sans cesse depuis dix-huit siècles, il y aura une invasion telle et si subite de la Révolution italienne que Pie IX et son successeur ne sauront où se retirer. Le flot révolutionnaire montera sous le pontificat du successeur de Pie IX jusqu'au jour où Dieu, par la voix du grand monarque, lui dira : « Tu n'iras pas plus loin. » En reproduisant le fait de Stilicon qui arrêta à Fésules le flot des barbares conduits par Radagaise.

Version littérale.

Au	αυερυσαντες	ayant immolé
lieu	λυζοντα ευχομενον	sanglotant, priant
que	καλεοντα υετον	appelant l'eau, altéré
Hiéron	ιερευς ωναξ	le Pontife-roi
fait	φαρον ιτεοντων	phare de ceux qui font le voyage de la vie
sa	σαπροντες	ceux de la matière en putréfaction
nef	νεφωτουσι	obscurciront
fabriquer	φαους βρυοντας κολπου ιερων	les lumières jaillissant du sein des saints mystères

Si	σιω	contre Dieu
grand	γρυπαιετος ανδεων	l'aigle couronnée
déluge	δελεαζων υγειας	séduisant par l'amorce de la raison
sera	θηρασει	fera la guerre
et	εταιρια	en compagnie
si	οιλλοντων	de railleurs
subite	συβαριτων ιτητικων	de Sybarites téméraires.
Qu'on	κυαμευων ωναξ	Le chef élu par le suffrage universel
n'aura	νεμει κυρας	distribuera des excitations
lieu	λυσει, ευωχια	à la dissolution, à la bonne chère
ne	νεικεογεννησει	il produira par la discorde
terres	τερατωδεασ ρηξεασ	de prodigieuses catastrophes
s'attaquer	σαλαξει αττα ιερον	il ébranlera par tous les moyens la
	ταχτεον	religion pour l'anéantir
L'onde	ονδε = εισ ον λωων	jusqu'à ce que étant bon
monter	μονος τερματισει	l'unique mettra un terme
Fesulan	φεγγων υλην ανω	faisant briller la matière en haut
olympique	ολυμπου κυεοντος	du ciel plein de châtiments.
	πιεστηριων	

Traduction libre.

Après avoir immolé au milieu de ses sanglots, de ses prières et des tourments de la soif, Léon XIII, pontife-roi, vrai phare pour ceux qui font le pèlerinage de la vie, les suppôts de putréfaction obscurciront les lumières jaillissant en abondance des saints mystères. L'aigle couronnée (Napoléon V) se prosternant devant la raison humaine, comme seule digne de ses hommages, fera la guerre à Dieu en compagnie de railleurs et de sybarites téméraires. Le chef élu par le suffrage universel, par ses écrits et ses paroles excitera le peuple à la dissolution et à la bonne chère ; il provoquera par la discorde des catastrophes inouïes. Il usera de tous

les moyens pour ébranler la religion et l'anéantir
jusqu'à ce que Dieu trouve bon d'y mettre un
terme en faisant briller au ciel l'instrument de ses
justices.

Louis XVI.	Les biens aisez subit seront desmis
	Par les trois frères, le monde mis en trouble
	Cité marine saisiront ennemis
Première Révolut.	Faim, feu, sang, peste et de tous maux le double.

(17e Q.)

Pressé d'arriver aux faits de l'avenir, je vais me
borner, pour les quatrains 17, 18, 19, 20, 21, 22,
23 et 24 concernant Louis XVI et la Révolution, à
donner le sens précurseur, sauf à présenter plus
tard ces quatrains avec la version littérale de ses
racines grecques qui les composent.

Sens précurseur.

La noblesse et le clergé se démettront subite-
ment de leurs droits et privilèges (iv, 94) sous la
pression du mouvement révolutionnaire que les
trois frères (viii, 45) activeront, par une conduite
différente : le comte d'Artois s'opposant à toutes
les réformes ; le comte de Provence les réclamant
toutes ; et Louis XVI faisant de lui-même celles
qu'il croira nécessaires. Roi absolu, Louis XVI
aura vaincu l'Angleterre, mais six mois après sa
disparition comme roi constitutionnel, les Anglais
saisiront Toulon (vii, 13) qu'on leur aura livré
pour le compte de Louis XVII, alors que la famine,
la guerre civile, l'échafaud, l'oubli des lois divines

et humaines auront fait naître des maux plus grands qu'à aucune autre époque (VI, 10.)

| Louis XVI.

Première révol.

Henri **V** annoncé. | De Flore issue de sa mort sera cause
Un temps devant par jeune et vieille buyere
Car les trois lys lui feront telle pause
Par son fruit sauve comme chair crue mueyre.
(18ᵉ Q.) |

Sens précurseur.

Une fleur, issue de la tige des lys causera elle-même sa mort. (X, 43.) Un peu avant aura pris nais·sance en France le vieux parti de la souveraineté du peuple (I, 43), qui dans sa lutte contre la royauté trouvera des obstacles : car, le premier des trois frères des lys, en prenant le titre de roi constitutionnel : les deux autres en octroyant et conservant la Charte, l'arrêteront un moment ; mais par le rejeton miraculeux de leur tige brisée, ce parti mourra comme un fœtus venu au jour avant terme. (Lettre à Henri, § 61.)

NOTE.

1° *Fleur* dérive du grec υδωρ, sève, φλεγον, ardente, ρεον, se répandant avec abondance, s'écoulant, s'échappant et cette étymologie, se justifie ainsi :

Tout ce qu'il y a de plus pur et de meilleur dans la plante et dans l'arbre se répand, coule dans la fleur ; si le froid ou la chaleur atteignent et détériorent la fleur, le fruit ne réussit pas ; d'un autre côté, les couleurs et les odeurs s'échappent de la

fleur ; à telles enseignes que ῥόδον, rose, a pour
étymologie ῥεῦμα τῆς ὀδωδῆς, courant d'odeurs, à
cause de l'odeur abondante qu'elle répand autour
d'elle. (Platon, *Sympos.*, III, 1, 13.) La rose, en
vieillissant, pâlit et devient inodore, parce que ses
couleurs et ses odeurs se sont échappées ; de ce fait
physique sont venues les expressions : effluves
odorantes, torrents de lumière, ondes sonores,
parce que les couleurs, les odeurs, comme les sons
parviennent à nos sens par ondes à travers l'air
qui leur sert de véhicule. Le mot latin *flos* emprun-
tait son origine au grec φλόος, sève coulante. Il
n'y a donc plus à s'occuper de l'étymologie donnée
à fleur par Isidore de Séville. *Flores quod cito
defluunt de arboribus quod cito solvantur.* Il faut
aussi laisser de côté, comme incomplète, l'étymologie du Spicileg. Solesm. *Flores a fluendo dicuntur.*

Un auteur du moyen âge peint ainsi la fleur :
*Flos visu delectat, odore reficit ; spes est fructus ;
cito marcescit ; ex puro aere nascitur ; campum
ornat ; suavis est ; cibus apum non consumitur ab
eis ; frigore læditur ; nativum colorem juxta genus
suum habet.* (Spicil. Solesm.)

Au figuré, on emploie le mot fleur pour exprimer la grâce spirituelle qui existe dans toute espèce
de chose louable : fleur de science, de beauté, etc.

En hermétique, on appelle fleurs les différentes
couleurs qui surviennent à la matière pendant les
opérations de l'œuvre. Fleur du soleil, c'est la
couleur citrine-rougeâtre ; le lis, c'est la couleur
blanche paraissant avant la citrine.

2° *La fleur de lis et les armes de France*. De toutes les figures usitées dans le blason, la fleur de lis est celle qui a soulevé le plus de discusssions. Les uns y ont vu le fer de l'angon ou javelot des anciens Francs ; d'autres l'ont prise pour une abeille, d'autres pour une grenouille. On a donné le nom de lis à l'iris, à la fleur du lotus (*Copia liliorum quæ loton Egyptii vocant*) et à plusieurs plantes qui n'appartiennent pas au genre lis. De là ont pu naître des opinions différentes, mais nous nous rangeons du côté de la majorité des héraldistes qui font purement et simplement dériver cette figure du même nom.

Ainsi que le prouve un tombeau découvert à l'abbaye de Saint-Germain-des-Prés, à Paris, la fleur de lis a été employée dès la première race comme ornement du sceptre, mais elle n'a paru sur le sceau royal qu'à la fin du XIIe siècle, sous le règne de Louis VII. Les fleurs de lis devinrent en même temps les armoiries héréditaires des rois de France. Dans le principe, les fleurs de lis de l'écu royal étaient sans nombre. Elles furent réduites, pour la première fois au nombre de trois sur le sceau que Philippe III laissa au régent du royaume quand il partit pour la Catalogne ; cependant, cette modification ne fut définitivement adoptée que sous le règne de Charles V. A ce moyen, les armes des rois de France qui, précédemment, étaient d'azur semé de fleurs de lis d'or, devinrent *d'azur à trois fleurs de lis d'or*.

Toute fleur signifie l'espérance des fruits, du

bien à venir, mais le lis s'élève au-dessus de toutes les fleurs du parterre et l'emporte sur elle par sa blancheur éclatante, par son odeur agréable et par ses vertus curatives. Le lis est le roi des jardins, et il n'est pas étonnant qu'il soit devenu la fleur des rois, à cause de sa pure beauté et des idées symboliques qu'il représente.

En effet : le lis qui contient l'or de ses étamines dans l'argent de sa corolle, figure très bien le roi qui doit être pur dans ses paroles et ses actions, et sage dans ses pensées et ses affections; ses feuilles et ses tiges, d'un vert délicat, symbolisent aussi la verdeur de la foi, de l'espérance et de la charité qui distingue le bon roi et le rend cher à ses sujets; l'odeur suave du lis qui l'annonce au loin et attire près de lui, fournit l'emblème du roi devancé par la bonne odeur d'une vie exemplaire, qui attire par ses bonnes œuvres et ses faveurs et invite à marcher sur ses traces. Dans sa hampe et ses tiges qui s'élèvent vers le ciel et par ses feuilles recourbées vers la terre, nous voyons facilement l'image d'un roi dont la tête et le cœur se dirigent vers le ciel et dont les bras s'abaissent pour répandre partout des bienfaits. Enfin, le lis est non seulement agréable par sa forme extérieure, mais il est encore utile par les propriétés curatives qu'il offre à ceux qui se brûlent : aussi appartient-il au roi d'éloigner de ses sujets la peste et les calamités et de guérir les maux causés par le feu des passions !

Le lis chanté par David et Salomon, signalé par Notre-Seigneur Jésus-Christ comme sa fleur prétérée a été providentiellement donné et approprié au peuple français, fils aîné de l'Église, comme signe de primogéniture, et parce que vers lui devaient être portées toutes les bénédictions concédées jadis au peuple d'Israël.

Nous sommes *les lis des champs qui croissent, qui sont vêtus et qui ne filent pas.* (Math., VII, 28.) La France est certes la plus belle fleur du champ de l'Église; lis des champs, nous avons nos frontières, nos villes, notre constitution pour nous couvrir vis-à-vis des nations voisines qui, sans cela, viendraient volontiers commettre chez nous des usurpations, comme dans des lieux sans clôture. Lis en plein champ, nous nous appelons les Francs, parce que nous sommes donés à un degré éminent de la vraie liberté des enfants de Dieu. Nous croissons comme les lis; qui ne le voit? Notre état est une balance; lorsque nous sommes au plus bas, nos ennemis sont au plus haut; dès que dans un des plateaux nous mettons l'humilité, la pénitence et la prière, l'autre nous porte au ciel. Nous ne filons pas. Par suite de la loi salique, notre royaume ne tombe pas en quenouille. C'est la truelle d'une main et l'épée de saint Michel de l'autre que nous bâtissons la cité de Dieu; et si Notre-Seigneur Jésus-Christ a dit que Salomon, avec sa gloire, n'avait jamais été vêtu comme un lis, c'est qu'en vérité aussi, il n'a jamais été donné à la gloire juive d'atteindre la gloire française.

Cela exposé, voici le sens symbolique qui se

détache pour nous des armes de France : *d'azur à trois fleurs de lis d'or.*

Dans ce royaume de France, si beau qu'on croit y voir comme un reflet d'azur du royaume céleste prospèrent les lis entre les mains des saints et des héros qui sont appelés à y régner.

En hermétique, lis dérivé de λουτέον, devant laver, purifier, υς ceux de la matière noire puante, annonce par sa présence que la couleur noire va être dissipée. Le lis est employé pour désigner la couleur blanche qui contient la rouge : c'est l'or dans l'argent, car, lorsque l'on a obtenu la matière au blanc, si l'on continue la cuisson, on arrive à la couleur rouge ou à l'or. Le lis d'or est la fleur parfaite; c'est le couronnement de l'œuvre. Sortis de la terre noire, le lis pousse une tige qui du rouge-violet passe au vert-bleuâtre, puis il donne l'argent de sa corolle et l'or de ses étamines. En Égypte, le lis ou lotus, avec ses fleurs blanches, désignait la lune hermétique. De son côté, la fève d'Égypte, aux fleurs incarnates, désignait aussi le soleil hermétique.

Première Révolut.	A soustenir la grand cappe troublée
Louis XVI.	Pour l'esclaircir les rouges marcheront
	De mort famille sera presque accablée
Philippe-Égalité.	Les rouges rouges le rouge assommeront. (19e Q.)

Sens précurseur.

Quand les défenseurs de l'illustre famille des Capétiens parleront à Versailles de la soutenir dans son trouble, pour diminuer le nombre de ses membres (I, 3), marcheront sur Versailles, et plus tard aux Tuileries (IX, 31) au cri de : *A bas Capet!* Cette famille sera presque entièrement détruite (IX, 77) par des morts violentes ; et les ultra-révolutionnaires n'épargneront même pas leur complice « le rouge effréné (VI, 91) Philippe Ier Égalité qu'ils accuseront de modérantisme et d'être de la famille de la grande Cappe. »

NOTE

1° *Cappe* indique le mot grec καπ περγνμεντς qui signifie le Fixe, le Soleil, le Roi. Dans son épître à Henri (§ 118), M. de Notredame l'applique à Notre-Seigneur Jésus-Christ, le roi par excellence, lorsqu'il appelle le Pape le grand Vicaire de la Cappe. » Cap, Cappe, Capet et Capétien confinent à caput et contiennent l'idée de tête, de principe, qui communique la vie, la vigueur et qui conduit.

Selon Dom Brial, le nom de Capet, Cappatus, fut donné à Hugues, le grand-père de Hugues, roi de France, qui fut le chef de cette famille royale, et voici dans quelles circonstances : La chape de saint Martin, voile en taffetas sur lequel saint Martin était peint et qui avait reposé sur son tombeau, était en grande vénération en ces temps-là : nos rois n'allaient jamais à la guerre sans la faire porter devant eux : c'était comme le *Labarum* de la France, avec lequel on était assuré de la victoire ; or, Hugues le Grand était abbé de Saint-Martin de Tours, et son fils, Hugues Capet, le fut après lui En cette qualité, ils avaient quelques fonctions à remplir relativement à la chape de Saint-Martin où ils assistaient en chape au chœur de leur église, comme faisait après eux le roi Robert. De là vint le nom de Cappati, Capets, Capétiens.

2° *Rouge* est formé de γεννητος, engendré. ρουσιου, du roux, c'est-à-dire de Typhon, le démon est appelé *Rufes*.

Première Révolut.	Le faux message par élection feinte
Louis XVI.	
10 août 1792.	Courir par urben rompue pache arresté
République	Voix acheptée, de sang chapelle teincte
proclamée le	
21 septembre 1792.	Et à un autre l'Empire contracté. (20e Q.)

Sens précurseur.

La pétition exprimant faussement la volonté du peuple et qui aura été fabriquée par des hommes se disant faussement les élus du peuple, ayant été présentée le 3 août 1792 par Pétion, à l'Assemblée, pour demander la déchéance du roi, les révolutionnaires de Paris courront de toutes parts le 10 août aux Tuileries, pour rompre le pacte constitutionnel (i, 57). Louis XVI cherchera un refuge à l'Assemblée où des voix ayant été achetées et la chapelle des Carmes ayant été teinte de sang par les massacres du 6 septembre, le 21 la Convention s'ouvrira (iii, 59) et proclamera la République (i, 61).

| Première Révolut.

Louis XVI. | Au port de Agde trois fustes entreront
Portant l'infect non foy et pestilence
Passant le pont mil mille embleront
Et le pont rompre à tierce résistance. (21e Q.) |

Sens précurseur.

Voilà ce qu'auront amené les trois ordres de l'État (ɪ, 3) convoqués par le pouvoir qui, en devenant absolu, aura mis fin aux guerres de religion et de parti. Appelés à entrer dans le port d'excellent mouillage (ɪɪ, 73 — ɪx, 30) pour y porter les vœux de la nation, ces trois ordres infectés des idées révolutionnaires, sans bonne foi, professant les principes de la chaire de pestilence en fait de religion, dépassant le mandat qui les faisaient le pont (ɪɪɪ, 81) entre la nation et le roi, enlèveront un million de prérogatives à l'autorité royale et religieuse, et leur intervention croulera par la résistance du Tiers-État qui alors dira n'être rien et voudra être tout.

NOTE

Agde, du grec ἀγαθός, excellent ; θέσις, mouillage (port de la royauté).

| Première Révolut.

Louis XVI. | Gorsan, Narbonne par le sel advertir
Tucham la grâce Parpignan trahie
La ville rouge n'y voudra consentir
Par hauie vol drap gris vie faillie. (22e Q.) |

Sens précurseur.

Gorsas, qui, prêchant l'insurrection dans le *Courrier de Versailles*, aura amené les rouges de

Paris à marcher pour éclaircir la grande cappe
troublée, et Narbonne qui, ministre de la guerre,
aura imposé à Louis XVI des mesures favorables à
la Révolution, seront poussés par un reste de
sagesse à avertir, l'un comme conventionnel, l'autre
comme commandant des troupes, qu'il faut épargner la reine gracieuse et le roi que la fortune a
trahis, quand on les aura ramenés de force à Paris.
Les rouges de cette ville n'y voudront consentir
alléguant le vol que le roi, vêtu de gris, aura pris
vers le Nord et demanderont qu'on lui ôte la vie.

Première Révolut.	Lettres trouvées de la Royne les coffres
	Point de subscrit sans aucun nom d'auteur
Louis XVI.	Par la police seront cachées les offres
	Qu'on ne scaura qui sera l'amateur. (23° Q.

Sens précurseur.

Des pièces du gouvernement auquel la Reine
sera accusée d'avoir pris la plus grande part, ayant
été trouvées dans *l'armoire de fer* qui ne portera ni
écriteau, ni nom de fabricant, la Convention ca-
chera les offres qu'on verra y avoir été faites par la
police à plusieurs de ses membres. Une de ces
pièces portera : *Tous ces gens-là sont à vendre et
sûrement il n'y en a pas un seul à louer*. En effet,
on ne saura quel homme aime la Révolution pour
elle-même.

Première Révolut.	Le lieutenant à l'entrée de l'huys
Louis XVI.	Assommera le grand de Parpignan
Arrestation	En se cuidant sauver à Montperthuis
à Varennes.	Sera deçu bastard de Lusignan. (21° Q.

Sens précurseur.

Au lieu et place du commissaire de Varennes, à l'entrée, à la porte même de cette ville, Drouet aura porté un coup mortel à ce grand qui, fuyant Paris, aura cru trouver son salut à Montmédy. Narbonne, bâtard de Louis XV, sera deçu, plus tard, dans l'espoir de le tirer par la force de la prison du Temple.

NOTE

1º *Parpignan*. πινωσις, matière en putréfaction, παριζητέα, à fixer αναχτι, par le roi γνησιω, légitime ;

2º *Bastard*, δημιουργημα, produit, ξασεος, d'un accouplement ταρασσομενον, désordonné ;

3º *Lusignan* = αναξ, le roi, γνησιος, légitime, λυσιγαμος, violant les lois du mariage ;

4º *Montperthuis*. υς, la matière noire puante, υβριστης, violente μασυσα, désirant περθειν, détruire οντα, les institutions existantes.

Henri V de 1830 à 1884. Révolution personnifiée dans ses chefs.	Cœur de l'amant ouvert d'amour fertive Dans le ruisseau sera ravir la Dame Le demy mal contrefera lassive Le père à deux privera corps de l'âme. (25ª Q.)

Version littérale.

Cœur de l'amant	κοιρανειος υς δηλωθεις λαω αντιοτι αμα	Le feu royal (le fixe) s'étant manifesté, montré au peuple allant à la rencontre, en même temps

ouvert	ουδει ηρτισμενω υνι	terre préparée par le soc de la charrue
d'amour	δεκτεω αρα ουρεθροι	pour contracter union
fertive	φερεοντι τικτω υγνια	avec celui qui féconde le mâle engendrant dans la pourriture.
Dans	δαις ανογηστας	La torche enflammée (Typhon ayant soulevé
le	λεπτολογιαις	par des discours subtils
ruisseau	ρυαχετον υς σειουτα αυθεντα	la multitude confuse et bruyante, matière en putréfaction, pour s'emparer du pouvoir
sera	θηρασει	chassera
ravir	ραγδαιω υδατι ιερου	avec l'impétuosité des flots de la mer du temple (de France)
la	λαν	la pierre (le fixe)
dame	Δαμηθησομενην	devant être vaincue.
Le	λεια	La pierre
demy	δευομενη μυδω	imbibée par la matière liquide
mal	μαλακιζομενη	étant amollie
contrefera	τρεφθησεται ερα κονια	sera changée en terre poudreuse
lassive.	ληψει υγρα σιαλω	qui se cachera dans la pourriture grasse et visqueuse.
Le	λειχτεος	La dissolution
père	περηρασης	s'accomplissant
a	αρουσι	s'éclipseront
deux	διυτερον-ηχον	la lune et le soleil
privera	υδατος προταναοντος ερα	l'eau régnant sur la terre
corps	ορπετον σειον καιον	le reptile au mouvement continu brûlant
de	δερσεται	sera privé
l'âme.	ληψεως αμεταβετου	de l'esprit fixe

Traduction libre.

Henri V (roi de droit divin, fixe) manifestera son violent amour pour le peuple (volatil) qui brûle pour son roi d'une égale affection, vraie terre labourée pour contracter union avec son laboureur afin d'engendrer dans la pourriture comme cela se fait dans toute génération. La Révolution personnifiée par divers chefs soulèvera par ses discours subtils et incendiaires la multitude confuse et bruyante, corrompue et agitée pour s'emparer du pouvoir et chassera de France avec l'impétuosité des flots de la mer le roi (la pierre, le fixe) après l'avoir vaincu. La pierre imbibée par la matière humide s'étant amollie sera changée en terre poudreuse qui disparaitra dans la matière en putréfaction grasse et visqueuse. Pendant la dissolution la lune et le soleil s'éclipseront, l'eau prendra position au-dessus de la terre et la matière brûlante, au mouvement continu, sera privée d'âme c'est-à-dire de l'esprit fixe de son roi.

NOTE.

Toute personne attentive et de bonne foi ne pourra s'empêcher de reconnaitre en ce quatrain, sous l'allégorie hermétique : 1° la France qui le 30 juillet 1830 contracte avec Henri V un mariage légitime devant produire des fruits de salut ; 2° la Révolution qui le 9 août de la même année, vient le chasser du trône pour prendre sa place, faisant succéder un régime de destruction et de ruine à l'action douce, vivifiante et générative du roi de droit divin.

Henri V Nap. V.	De Caton és trouvés en Barcelonne Mys descouvers lieu retrovers et ruyne Le grand qui tient ne tient voudra Pampelonne Par l'abbaye de Montferrat bruyne (26e Q.'

Version littérale.

De	δευτιμω	A l'eau
Caton	κατω ον	étant inférieur c'est-à-dire submergé
es	τις, ατς, αδης	le laton à blanchir — le mercure dissolvant uni au corps dissoluble
trouves	τρωυματιζεται οι εσθιουση	sera endommagé par la matière puante, dévorante
en	εναγκαλιζουση	l'entourant de ses replis.
Barcelonne.	Βαρυς-κελης λων νειν	Le Mercure fixe-volatil désirant nager
Mys	μυσσατομενος	ayant en horreur, haïssant
descouvers	δεσμευσιν κουριζει υς ερστην	la captivité rajeunira son feu mâle.
lieu	λυτεος ευθρυπτες	pour dissoudre, pour briser
retrovers	ρερδοντες τρωυματιζοντες κρστχντες	les agitateurs, les malfaiteurs armés
et	ετεραξαντες	ayant révolutionné
ruyne	ρυαχετον υεικον νεον	la multitude confuse et bruyante corrompue, volatile.
Le	ληιστης	le ravageur
grand	γρυπαιετος ανδεων	aigle à bec de griffon couronné
qui	οι καιουτα	par la matière noire brûlante
tient	τι ταινουσα εντεινουσα	qui s'allonge en se gonflant
ne	νησι	rassemblera
tient	τιτεινους, εντεινους	ses titans, ses géants
voudra	δραπεποιησε υδωρ-ουδας	pour faire fuir l'eau-terre c'est-à-dire le mercure vol. et fixe
Pampeloune	πλουσα πασι νησουσι	parcourant la mer avec tous ses vaisseaux.
Par	παροιστρα	Agité de transports furieux
l'abbaye	λεια κδδαλε υετον	la pierre, le mercure, fera tomber une pluie.
de	δεινοδερν	violente
Montferrat	μονιμου ρεραυγες ρατερου	de fixe lumineux volatilisé
bruyne.	Βρυχοντες υσηκαν νεουταν	dévorant la matière en putréfaction volatile.

Traduction libre.

Submergé, le laton, qu'il faut blanchir, sera endommagé par la matière dévorante qui l'entoure de ses replis. Henri V, mercure fixe et volatil, impatient d'agir ne pouvant plus supporter sa captivité réveillera son mâle courage pour dissoudre et mettre en pièces les agitateurs et les malfaiteurs armés qui auront révolutionné la multitude confuse, bruyante, corrompue et volatile de France. Napoléon V aigle couronné par la matière en putréfaction brûlante qui s'allonge en se gonflant, rassemblera ses titans et ses géants pour faire fuir le mercure volatil et fixe, en parcourant la mer avec tous ses vaisseaux. Agité de transports furieux, le mercure fera tomber une pluie violente d'or volatilisé qui dévorera la matière en putréfaction volatile.

Henri V.	La voye auxelle l'un sur l'autre fornix
	Du muy deser hors mis brave et genest
Nap. V.	L'escript d'empereur sauvra le Fénix
	Veu à celuy ce qu'à nul autre n'est (27º Q.)

Version littérale.

La	λαθρα	Insensiblement
voye	ὕδωρ-οὐδας υεον	le mercure volatil et fixe en faisant pleuvoir.
auxelle	αυξανει ε) = σελαν λειπουσαν	augmentera la lumière défectueuse
l'un	λαθονα υχον	le laton purifiant
sur	σωρον	lavant
l'autre	λειαν αυον τριχυνον	La pierre desséchant, durcissant
fornix.	φορμορραχησει νυξ	il resserrera étroitement les ténèbres
Du	δυναστης	le roi
muy	μοσμενος ιεραρχη	sacré par le pontife

deser	δεσμολυτος κτησει	libre de ses mouvements préparera
hors	οπλιστον	une troupe de guerriers
mis	μισθωτους	salariés
brave	τιμενους βραβειου	désireux du prix de la lutte
et	εταιρια	en compagnie
genest.	εσταμενων γενους	des issus de noblesse
L'escript	λεια κρυπτουσα εσθητος	la pierre revêtue d'un vêtement
d'empereur	οχους εμπεριπεροντος ευροεντα	de lumière perçant le ténébreux
sauvra	σκοτεται υδατι ιερω	sera protégée par l'eau sacrée
le	λειβουσα	versée
Fenix.	φεραυγη ιζουσι	par celui qui apporte la lumière aux suppliants.
Veu	υες ιεμενοι	les porcs s'élançant pour combattre
à	αοντες	soufflant
celuy	κελαρυζοντες υιζοντες	faisant du tapage, criant
ce	κεισονται	seront renversés à terre
qu'à	αναξ κυμαινων	le chef aux replis tortueux
nul	υλης νεκρουσης	de la matière privée de vie
autre	ξυσεται τραχυνεται	sera desséché, durci
n'est.	. νανω εσθω	par le volatil fixe ou la lune-soleil.

Traduction libre.

Le mercure fixe et volatil (Henri V) versant la pluie, augmentera insensiblement la lumière de la lune défectueuse ; en purifiant et lavant le laton, en desséchant et purifiant la pierre, il diminuera les ténèbres. Henri V sacré roi par le Pontife, libre de ses mouvements, organisera une armée salariée composée de braves gens et de descendants de noble race. Le mercure revêtu d'un vêtement de lumière dont les rayons dissiperont les ténèbres, sera protégé par l'eau sacrée versée sur sa tête par celui qui apporte la lumière à ceux qui l'implorent.

Les partisans de la Révolution aux appétits matériels qui s'étaient avancés pour le combattre avec un grand fracas et de grands cris seront renversés à terre ; Napoléon V, vrai Typhon, élu par le suffrage universel chef de la matière privée de vie, sera desséché et durci par le soleil-lune.

NOTE.

1° *Braves gens*. Jadis la noblesse disait : *ce sont de braves gens*, pour signifier que les personnes dont elle parlait n'étaient pas nobles.

2° *Sacré roi*. Par le sacre se produisent les effets de la grâce du Saint-Esprit décrits, p. 79. 1er *fasc. de Résur. mère*.

L'homme extérieur, animal, charnel est le vêtement obscurcissant de l'homme intérieur, spirituel ainsi qu'un vase opaque pour une lumière qui y serait renfermée. Spiritualisez ce corps, l'âme ou la lumière qu'il contiendra rayonnera alors au-dehors comme à travers un vase transparent de cristal. L'âme identifiée avec la chair n'entendant plus rien aux choses de l'esprit, Dieu a pris un corps, afin d'inoculer ses vertus à cette âme à travers la chair spiritualisée par la grâce : au moyen de cette opération, le corps spiritualisé par le feu du Saint-Esprit, purifié de ses terrestréités, rendu transparent, se trouve revêtu d'un habit lumineux et par suite uni à Dieu tout feu et tout lumière.

Nap. V.	Les simulachres d'or et d'argent enflez
	Qu'après le rapt au feu furent jettez
Henri V.	Au descouvert estaincts tous et troublez
	Au marbre escripts, prescripts intergetez 28°Q

Version littérale.

Les	λησις	Le mercure Henri V?
simulachres	συμβας υλαις αχρησ-τας	en étant venu aux prises avec les matières superflues
d'or	δεουσαις οργης	manquant de caractère
et	ετι	aussi
d'argent	δεουσαις αργιας εντος	manquant de repos intérieur, de conscience
enflez.	φλεξαντοις εντος	brûlées intérieurement :
Qu'après	αναχτι κομευοντι πρηστηρι	avec le chef élu par le suffrage universel Typhon
le	ληιστω	déprédateur
rapt	ραπτεοντι	fait de parties hétérogènes, impures et terrestres
ou	χυται	celles-ci
feu	φευδονται	prendront la fuite
furent	εντελευταοντες συρδην	mourant pêle-mêle
jettez.	υετω τεγξαντι	par la pluie arrosante
Au	αυ	à son tour
descouvert	δεσποτη κουριζων κρυηας	le roi Henri V, rajeunissant, ayant organisé
estaincts	τνας εσταμενους κτεραιτι σιου	les forces produites par la grâce de Dieu
tous	τοξευσει ος	percera de traits ceux de la matière puante
et	σταραξαντες	révolutionnés par
troublez	τρωυματουσι ελησταν-τοις	les malfaiteurs armés
Au	αυ	à son tour
marbre	μαρμαρος βρεχεων	le fixe retentissant
escripts	κρυπτων εσθητος σελαχοντος	revêtu d'un vêtement lumineux
prescripts	πρησει τυας κρυπ-τοντες	brûlera ceux de la matière puante se cachant
intergetez	τνησει τερατωδως γην τεγξας	purgera merveilleusement la terre en l'arrosant.

Traduction libre.

Le Mercure (Henri V) en étant venu aux prises avec les hommes inutiles, sans caractère, sans conscience, consumés par des passions intérieures et Napoléon V élu par le suffrage universel leur chef, vrai Typhon déprédateur fait de parties hétérogènes, impures et terrestres, ces derniers seront mis en fuite et succomberont pêle-mêle sous la pluie tombant à torrents. A son tour le roi (Henri V) réveillant son courage, après avoir organisé l'armée qui surgira pour lui comme à la voix de Dieu, percera de traits ceux de la matière noire mise en révolution par les malfaiteurs armés : à son tour le fixe retentissant revêtu d'un vêtement de lumière brûlera ceux de la matière noire se cachant et purgera merveilleusement la terre en l'arrosant.

Nap. V.	Au quart pillier l'on sacre à Saturne
Caractère de son	Par tremblant terre et déluge fendu.
règne.	Soubz l'edifice Saturnin trouvé urne
Henri V.	D'or capion ravy et puis rendu. 29e Q.

Version littérale.

Au	καιον	L'enflammé Typhon
quart	καρμενον αρτιος	élu par la voie du scrutin préparé
pillier	πολιτια λαουον αρα-	par l'assemblée des députés se dis-
	πουον	solvant, tombant en ruines
l'on	αναξ λαου	chef du peuple
sacre	σκανι κρντους	mettra en mouvement les forces
à	κοντους	incendiaires
Saturne.	υγι σαττο υγιω	contre le feu caché liquide.
Par	παρασσηοαντες	Ceux qui l'approcheront
tremblant	τρεμουσι θλαθη αντιοις	trembleront devant le mal qu'il fera
		à ceux du parti opposé

terre	[illegible]	devant ses prodigieuses destructions
et	[illegible]	et aussi
déluge	[illegible]	des pièges à la santé du corps et de l'âme
fendu	[illegible]	ses tromperies, son despotisme militaire
Soubz	[illegible]	il élèvera jusqu'aux nues sa tête
l'édifice	[illegible]	faisant du tapage il cherchera à faire fuir
Saturnin	[illegible]	les troupes du feu noir liquide
trouvé	[illegible]	blessant par la pourriture
urne	[illegible]	du feu liquide
D'or	[illegible]	manquant d'yeux
caption	[illegible]	le fixe errant
ravy	[illegible]	au milieu de l'eau déchaînée sale
et	[illegible]	devant changer
puis	[illegible]	les pères en putréfaction
rendu	[illegible]	en agneau blanc éblouissant.

Traduction libre.

Napoléon V (Typhon) élu par la voie d'un scrutin décrété par l'assemblée des députés tombant en dissolution et en ruines, chef du peuple, mettra en mouvement ses armées contre Henri V à l'état de feu caché liquide. Tous les gens de son entourage seront effrayés à la vue du mal qu'il fera à tous ceux qui ne seront pas de son parti, à la vue de ses prodigieuses destructions, à la vue des pièges qu'il tendra pour énerver et corrompre les âmes et les corps, à la vue de ses fourberies et de son despotisme militaire. Il élèvera sa tête jusqu'aux nues et par un vacarme épouvantable il essaiera de faire prendre la fuite aux troupes d'Henri V à l'état de feu noir liquide (Saturne); il endommagera par la

pourriture de son feu noir liquide et aveugle le fixe
errant au milieu de l'eau bouleversée et sale.
Henri V qui doit transformer la matière noire
putréfiée en agneau d'une blancheur éblouissante.

NOTE.

Pillier, qui contient le mot grec πύλη, porte de
ville, rappelle le lieu où se tenaient les assemblées,
où se rendaient les jugements dans l'antiquité;
ajoutons que le mot Pyles était le nom d'une ville
de Grèce, voisine des Thermopyles, où se réunis-
sait le conseil amphyctionique.

Nap. V.	Dedans Tholouze non loin de Belazer
	Faisant un pays loing palais d'espectacle
Henri V.	Thesor trouvé au chateau au Nexet
	Et en deux locs tout et près de Besach. &c.

Version littérale.

Dedans	[illegible]	Vaisseau rendu à la vie
Tholouse	[illegible]	le fixe par la boue agitée
non	[illegible]	noirci
loing	[illegible]	s'étant lavé dans un bain de lait céleste
de	[illegible]	se montrera
Belazer	[illegible]	aimant à lancer des traits en pluie brûlante d'or volatilisé
Faisant	[illegible]	éclairant ceux de la matière noire enflammée
un	[illegible]	afin que
pays	[illegible]	la matière noire putréfiée
loing	[illegible]	étant lavée par des lilations blanches
palais	[illegible]	soient vaincus dans la lutte ceux de la matière noire
d'espectacle	[illegible]	enflammées de passions, s'occupant d'assassiner sans gloire.

Thrésor	θρησκευομενος οργης	L'objet cher du cœur
trouvé	τρωυματιζομενος υηγια	blessé par la pourriture,
un	ενδαλλομενος	ressemblant
chacun	χωλ απαδι κινεοντι	à un boiteux se déplaçant
ira	ιρα == ειρα	par l'assemblée
vexer	υϐριζεται εξερυπαω	sera outragé pour le faire partir
Et	επικεριων	de ses troupes auxiliaires
en	εν	au milieu
deux	δευσιμος-ξηρος	le mercure volatil et fixe
loxos	λοξοϐαινων	marchant de travers
font	τοξευσει πιεοντες	percera de traits les marchantes
et	επικεριους	troupes
près	πρησσηρος	du Typhon
de	δεσποτου	roi, chef
Besacle.	βησεως αχιεης	de la terre noire.

Traduction libre.

Passant de l'état de mort à l'état de vie, le fixe (Henri V) noirci par la boue agitée, une fois purifié par l'eau sainte du sacre, se disposera à lancer des traits en pluie d'or volatilisé et à projeter la lumière sur la matière noire ennemie. Il versera des libations de lait sur cette matière noire putréfiée afin de triompher de ces hommes enflammés de passions, passant leur temps à perpétrer de honteux assassinats. Henri V, vrai trésor, sortant blessé des atteintes de la pourriture, ressemblant à un boiteux qui se déplace, sera outragé par l'assemblée qui voudra l'expulser. A la tête de ses troupes auxiliaires Henri V, à l'état de Mercure volatil et fixe, marchant de travers, percera de traits volatils les troupes en marche de Napoléon V, vrai Typhon, commandant à ceux de la matière noire.

NOTE.

Trésor. le trésor est ce qui est cher à l'homme, à son cœur: pour l'avare, c'est la monnaie ou les autres objets terrestres qu'il aime: le trésor du gourmand ce sont les bons mets et les bons vins: le trésor de l'orgueilleux et de l'ambitieux, c'est la puissance et les honneurs: le trésor du voluptueux, c'est la vue, la conversation, le contact et le baiser de la femme: le trésor du chrétien, c'est la crainte du Seigneur, la sagesse, la doctrine de l'Évangile, la plénitude des grâces de Jésus-Christ.

Le trésor du philosophe hermétique, c'est la poudre de projection, source de tous les biens puisqu'elle procure des richesses infinies et une vie longue sans infirmités pour en jouir: c'est le magistère au blanc et le magistère au rouge, c'est la lune et le soleil.

Nap. V.	Premier grand fruit le prince de Pesquière
	Mais puis viendra bien cruel et malin
Henri V.	Dedans Venise perdra sa gloire fière
	Et mis à mal par plus joyne Colin ǝıc q

Version littérale.

Premier	πρεμνη τερος	Au gouvernail du temple (France) Vase où se fait l'œuvre
grand	γυμναστος ευδαιων	l'aigle incendiaire
fruit	ηροκτα τεραενος	par le suffrage étant arrivé
le	λαα	la pierre
prince	καιμενη προ	établi devant
de	δαξετα	montrera
Pesquière	πετκον κουνον τεραος	sa veste noire du mercure prêtre de l'art sacré

mais	; ὡς μαλευόμενος ;	également mis au jour
puis	υς πυθουσα	dans la matière noire
viendra	ὁρασεται οι εναντιω	courra dans la matière ennemie
bien	γνασμενα διᾳ	pressé avec violence
cruel	κρυπτομενος ελυτςω	caché dans son enveloppe
et	ετειριζομενος	protégé
malin.	μαλιστα λινοπτεροις	surtout par ses ailes de lin, ses voiles, sa volatilité
Dedans	δεδυμμενος αναττησαι	Le mort rendu à la vie
Venise	υδωρ υπεος ευκμενον	eau de pluie lancée
perdra	περανει δρακοντα	percera le serpent Typhon
sa	σαινοντα	agitant sa queue
gloire	γλοιον ρεοντα	visqueux, se répandant en vapeurs
fière.	φυοντα εραζ	engendré de la terre
Et	εταιρους	ses compagnons
mis	μισητους	odieux.
à	καιοντες	incendiaires
mal	μαλακισονται	seront affaiblis
par	παρα	par suite
plus	πλυσεος	du lavage
joyne	του νεου	de Jupiter enfant
Colin	εναοντος κελαινου	purifiant le noir.

Traduction libre.

Napoléon V, vrai Typhon, étant parvenu par le
suffrage universel à tenir le gouvernail du vaisseau
de l'État français, le prince par excellence
Henri V paraîtra sous le vêtement noir du Mercure
qui fait tout dans l'œuvre; également mis au jour
dans la matière noire, il courra dans cette matière
ennemie qui le pressurera violemment, caché dans
son enveloppe, protégé surtout par sa volatilité. Le
mort rendu à la vie à l'état d'eau de nuée lancée
percera de ses traits le serpent Typhon agitant sa
queue, visqueux, se répandant en vapeurs, engen-

dré de la terre et ses compagnons odieux et brûlant de passions criminelles seront affaiblis par
suite du lavage opéré par Jupiter enfant, purifiant
la matière noire.

Duc de Reischtadt	Garde-toy roy Gaulois et ton nepveu	
	Qui fera tant que ton unique fils	
fils de Napoléon Ier	Sera meurtry à Vénus faisant vœu	
	Accompagné de miel que trois et six 32e Q.	

Sens précurseur.

Roy gaulois (Napoléon Ier) ton neveu sera si
entreprenant que ton fils unique, Napoléon II, contraint de vivre dans l'inaction au milieu des Autrichiens, prendra la vie en dégoût. Dans le temps où
le neveu deviendra l'espoir du parti Napoléo-
nien (1831) le fils prendra les germes d'une mala-
die de langueur qui amènera sa fin à l'âge de vingt
et un ans et quatre mois.

Version littérale.

Garde	καρδια δευσα	Le cœur, manquant
toy	τοπου υιου	d'occasion de faire quelque chose, du fils
Roy	ρουτιου	du roux (Typhon)
Gaulois	γας οιττευσας υλην	de la terre qui doit produire la matière du grand œuvre
et	εταιρετεται	sera prostitué aux courtisanes
ton	τονοις	par les efforts
nepveu	νεποδες υικου	du descendant filial, neveu
Qui	κυιτκον	ayant conçu la pensée
fera	φερειν ραγεις	de détruire en sapant
tant	τα ευτος	les choses de l'intérieur, l'organisme,
que	κυεοντα	pleines
ton	τονου	de vigueur

unique	εμας κατοργηνου	de l'enfant conçu
fils	φιλα σαϊατα	par un amour légitime
sera	ὑπερα	dans ses poursuites amoureuses
meurtry	τρυξει υη μηδον	il épuisera le feu de ses parties sexuelles
à	καχαιγνουμενος	ayant commercé
Vénus	υη εντχμενη υδορ	avec la matière noire lançant la sève
faisant	φαινων υη κυτιος	montrant que la matière noire enne-mie
veut	υσεδνα	peut être comparée à un pourceau.
Accompagné	κουπασαι αχλ'οουια ηνχαια	Il se flattera avec une infamie qu'il tient de famille
de	δειχνυειν	de faire voir
nuict	νυχτος εχτεουτης	pendant une nuit
que	κυειν	porter dans son sein
trois	τρεις οιστευματα	trois flèches
et	εταιραις	pour des courtisanes
six.	στοχοις αξ	buts au nombre de six

Traduction libre.

Le cœur du duc de Reischtadt, fils de Napo-
léon Ier, vrai Typhon, empereur de cette terre de
France qui porte la matière du grand œuvre, manquant d'occupations, sera livré à la débauche par
les efforts de Louis-Napoléon son neveu qui aura
conçu le dessein de détruire, par l'énervation, l'or-
ganisme plein de vigueur de son fils issu d'amour
légitime. Celui-ci épuisera ses forces avec les cour-
tisanes dans une existence comparable à celle d'un
pourceau. On l'entendra se flatter avec une impu-
deur qu'il tient de famille, de pouvoir en une seule
nuit lancer trois flèches sur chacune des six cour-
tisanes prises pour but.

NOTE.

I. *Napoléon II, duc de Reischtadt*, fils légitime de Marie-Louise d'Autriche et de Napoléon Ier, mourut à Schœnbrun le 22 juillet 1832.

II. *Vénus*. Platon distinguait deux Vénus : la *céleste* et la *populaire*. 1° La *Vénus céleste* n'inspire que la sagesse et élève l'esprit aux plus sublimes spéculations ou aux beautés intellectuelles : c'est l'amour divin n'admettant aucune diversité, pluralité ou division, toujours un et semblable à lui-même, exempt d'altération comme celui qui ne cherche rien hors de lui-même, où la divinité reluit par contemplation, en qui tout souverain bien réside : 2° la *Vénus populaire*, mère féconde, portait les animaux aux plaisirs. C'est l'amour terrestre consistant en voluptés et sensualités, résultant du caprice et de l'humeur, suivi du cortège des soupçons, jalousies, courroux, travaux, ennuis et épines dont la piqûre fait oublier la douceur des roses. Les jeunes filles attachées aux temples de la Vénus céleste faisaient profession d'une chasteté parfaite, tandis que celles des temples de la Vénus terrestre affichaient des inclinations et des débordements conformes à ceux qu'on prêtait à la déesse. Lorsque les plaisirs les plus déréglés eurent été travestis en autant d'actes de dévotion, les temples et les bois de la déesse de la génération se remplirent de filles prostituées qui y faisaient leur résidence.

Creützer, dans sa symbolique, prenant la donnée

d'Hésiode, adoptée par les Hellènes, nous représente Vénus née de l'écume de la mer fécondée par
Uranus alors que Cronos ou Saturne mutila son
père, sortant du sein des eaux, fille du ciel et de la
mer, abordant à Cythère, puis à Cypre, c'est la
fille de la lumière, s'élevant du fond de l'abîme
parée de mille attraits pour régner sur le monde et
le vivifier par l'amour ; c'est le principe de la fécon-
dité issu du ciel qui, en le perdant, est frappé de
stérilité, mais recueilli au sein des eaux où il se
développe sous l'empire du temps, où il prend
forme pour la première fois, et d'où il se répand
avec une puissance d'attraction irrésistible dans
tous les corps de la nature. C'est la nature personnifiée dans l'énergie créatrice de l'élément humide,
et dans cette grâce divine dont elle revêt toutes les
productions. Il y avait rapport de Vénus avec la
lune dont l'humidité fécondante passait pour être
favorable aux développements des corps terrestres.
La forme archaïque *Venerus* n'est-elle pas composée
du grec ϛε ϛρφος, eau limpide, ou ϛε ϛους, énergie
de l'eau ?

Les hermétiques entendent par Vénus une matière indispensable au grand œuvre : c'est une eau
de vie, une eau limpide permanente, appelée eau
d'or et d'argent. Cette substance est la Vénus hermaphrodite, c'est-à-dire le soufre et le mercure. En
cuisant, la matière prend une couleur jaune safra-
née ; après la blancheur, Vénus devient jaunâtre puis
rouge. Vénus a vaincu Jupiter et Saturne, quand
elle se joint avec les rayons du soleil et de la lune.

Nap. V.		Le grand naistra de Véronne et Vicence
Henri V.		Qui portera un surnom bien indigne
		Qui a Venise voudra faire vengeance
Lutte.		Luy mesme prins homme de guet et signe. 33e Q

Version littérale.

Le	λέξει	Décrétera
grand	γρυπαιετος κυδκιον	L'aigle incendiaire (Nap. V)
naistra	ραγεναι υκιετον ιστρου	expulser l'habitant du Danube
de	δηλησομενον	devant détruire
Véronne	υετω φιυνυμενου νεουενου	avec la pluie du fixe volatilisé
et	εταιρειχς	les trompes auxiliaires
Vicence	οικοις κενοις κεκουσιε	aux pores inutiles, brûlants.
qui	κοιτκομενος	ayant conçu la pensée
portera	πορθειν χοαν	de ruiner l'humidité, le suc
un	νεσουσαν	partitant
surnom	ουρον νομη	le faisant évacuer au nom de la loi
bien	γναγκασμενος δια	en contraignant par la violence
indigne	ωχοντα διχη	celui qui purge suivant son droit légitime
qui	κοιτκομενος	ayant conçu la pensée
à	κυειν	de dessécher
Venise	υδορ ευκχμενον σεισμω ορασσεναι υδατα	l'eau de pluie lancée sur la Révolution
voudra	ουδας	de saisir la lune-soleil
faire	φενουσα κτεομενους	ceux qui ont quelque valeur
vengeance	ανακκτιων γην υγιια	en soulevant la terre en putréfaction
Luy	υιος λυματος	le fils de la putréfaction
mesme	μεταλωσεται μηνη	sera arrêté par la lune
prins	πριν σελας	avant que sa lumière
homme	ομματωται μεσω	soit rendue claire à moitié
de	δεικνυους	montrant
guet	γυιον εταιρον	son corps ami
et	ετεραλκεον	irrégulier
signe.	στενομενον γυιοισι	défectueux dans la nature.

Traduction libre.

Napoléon V rendra des lois de proscription contre Henri V l'habitant de Froschdorf appelé à détruire avec une pluie d'or volatilisée les troupes enrôlées au service de ceux de la matière noire, privée d'âme, brûlante. Il entreprendra de ruiner le suc purifiant en le faisant évacuer au nom de la loi, en contraignant par la force celui qui purge au nom du droit légitime; il entreprendra de dessécher la pluie lancée sur la Révolution, de saisir la lune-soleil devant éclairer le monde, en soulevant contre elle la terre en putréfaction. Typhon, fils de la putréfaction, sera arrêté par la lune à son second quartier, alors qu'elle montre au ciel sa douce lumière encore irrégulière et défectueuse.

NOTE.

1° *Lune*. La lune renouvelée le 31 mars 1884 sera à son quatorzième jour le 13 avril, jour de Pâques.

2° *Froschdorf* (mot allemand équivalant à village de bonheur) appelé improprement Frohsdorf, domaine et village des États autrichiens (Autriche-Hongrie) sis au-dessous de l'Ens, district de Wiener-Neustad à 52 kilom. de Vienne, non loin de la frontière de Hongrie, sur la rive droite de la Leitha, au pied du grand Kaiserwald (Alpes styriennes). Au moyen âge le château de Froschdorf appartenait à la maison de Grottendorf, en 1822 à la

comtesse de Lipona, veuve de Murat, puis à la dau-
phine duchesse d'Angoulême, enfin à M. le Comte
de Chambord.

Nap. V.	Après victoire du Lyon au Lyon
	Sus la montaigne de Jura sécatombe
Henri V.	Delves et Br. des septiesme million
	Lyon ulme à Mansol mort et tombe. 3ie Q..

Version littérale.

Après	[illegible]	Le serpent Typhon roi
victoire	[illegible]	à ceux de la matière noire, tué par la pierre consacrée
du	[illegible]	vaincue d'abord
Lyon	[illegible]	par le dissolvant féminin
au	[illegible]	desséchera
Lyon.	[illegible]	le dissolvant.
Sus	[illegible]	Coagule
la	[illegible]	la pierre
Montaigne	[illegible]	en terre d'unique origine, homogène.
de	[illegible]	paraîtra
Jura	[illegible]	Jupiter foudroyant
sécatombe.	[illegible]	renfermant dans la demeure des morts
Delves	[illegible]	les pores détruits
et	[illegible]	en comparant
Brodes	[illegible]	des meurtriers Samiens
septiesme	[illegible]	au quatorzième jour de la lune
million.	[illegible]	en durcissant le dissolvant féminin
Lyon	[illegible]	le dissolvant féminin
ulme	[illegible]	matière noire
à	[illegible]	durci
Mansol	[illegible]	par la lune-soleil
mort	[illegible]	sera tenu pour mort
et	[illegible]	ayant été placé
tombe.	[illegible]	dans la demeure des morts

Traduction libre.

Typhon roi de la matière noire (Nap. V) sera tué par la pierre consacrée (Henri V), dissoute d'abord par le dissolvant féminin, puis fixant ce dissolvant. La pierre coagulée en terre de nature homogène, paraîtra sous les traits de Jupiter foudroyant, enterrant les gens ne vivant que pour les sens avec les meurtriers vaincus au quatorzième jour de la lune, en durcissant le dissolvant féminin : le dissolvant féminin matière noire coagulée durci par la lune-soleil sera tenu pour mort, ayant été placé dans la demeure des morts.

Nap. V.	Dedans l'entrée de Garonne et Bayse
	Et la forest non loing de Damazan
Henri V.	Du marsaves gelées puis gresle et bize
	Bordannois gelle par erreur de Mes au 35° Q

Version littérale.

Dedans	δεδηγμενη δαις αναστρεψει	Irritée la torche enflammée Typhon s'agitera
l'entrée	φαστα εντος λαν	pour se répandre dans, pénétrer la pierre
de	δακνουσαν	se montrant
Garonne	γα ρουνομενη νχομενη	en terre coagulée volatile
et	εταιριζουση	servant de compagne
Bayse.	υσει δακνουση	à la pluie tombante
Et	ετερονοσει	changera
la	λααξ	la pierre
forest	φορεουσας εσθον	portant le vêtement
non	νονομον	noir
loing	λουομενη ιχατι χα-λακτινοις	étant lavée par les libations blanches comme du lait
de	δισυ	du divin
Damazan.	δαμος δαμαχοντος	Jupiter domptant.

Du	δυναστευσει	Elle triomphera
marsaves	μαρμαρουσα δες ζαποντες	en changeant en marbre dur et brillant les pores agités
gelées	ενδουσα γη γυ ζενον	enveloppant dans la terre leur corps broyé
puis	υς πυθουσα	matière noire putréfiée
gresle	ρησσουσα γη ζευκο φαια	brisé par la terre grise
et	στοιχησασα	se rangeant
bize.	φυζω	en tas, se coagulant
Dordonnois	δοςα δυναουσα υς νοδυνομενη	la superficie agitée de la matière noire corrompue
gelle	εληται γη ζευκοφαια	se ramassera sur elle-même en terre grise
par	παρ	par suite
erreur	υφος ερρηξαντος	du feu éclatant avec violence
de	δυοντος	fixant
Mesan.	μεσδονος ανω	du tout-puissant du ciel.

Traduction libre.

Typhon (Nap. V) comme une torche enflammée s'agitera avec fureur pour pénétrer la pierre (Henri V) se manifestant sous l'aspect d'une pluie d'or volatilisé. La pierre couverte d'un vêtement noir changera de couleur, grâce aux libations blanches comme du lait versées par le divin Jupiter vainqueur. Elle triomphera des hommes aux appétits matériels et les changera en marbre dur et brillant, enfouissant leur corps de matière noire putréfiée, brisé, réduit en poudre par la terre grise se coagulant. La superficie agitée de la matière noire corrompue se formera en noyau gris sous les coups de foudre du tout-puissant Jupiter fixe.

N ap. V.	Sera commun conte oindre aduche
	De Saulne et Sainct Aulbin et Belœuvre
Henri V.	Paver de marbre de tours loings espluché
	Non Bleteram resister et chef-d'œuvre 36 Q

Version littérale.

Sera	[illegible]	Le fixe, l'or Henri V vaut le...
commun	[illegible]	ressemblant à de la gomme, battant chaud
conte	[illegible]	au delà du poudre
oindre	[illegible]	l'éther à parties ressemblant
aduche	[illegible]	le point agréable
De	[illegible]	[illegible]
Saulne	[illegible]	préservant la matière nageant
et	[illegible]	et
Sainct	[illegible]	mettant à mort les serpents, les agitateurs
Aulbin	[illegible]	la matière se desséchant, se coagulent
et	[illegible]	se transformera
Belœuvre.	[illegible]	produisant l'agneau sans tache qui se fait par le feu.
Paver	[illegible]	la terre se fixant
de	[illegible]	se montrera
marbre	[illegible]	marbre dur et brillant, foudroyant, retentissant.
de	[illegible]	détruisant.
tours	[illegible]	perçant avec le feu céleste
loings	[illegible]	fixant par des libations blanches comme du lait, célestes
espluché.	[illegible]	le corps, le laton blanchi dans le vase
Non	[illegible]	les noirs
Bleteram	[illegible]	ensemble lançant des traits
resister	[illegible]	seront brisés par la terre naissante
et	[illegible]	aussi
chef	[illegible]	par le résumé
d'œuvre	[illegible]	de la fixation faite par le feu en agneau sans tache.

Traduction libre.

L'or volatilisé (Henri V) ressemblant à de la gomme qui file ou formant chaîne mouillera la matière en poudre: la terre à purifier s'imbibant du liquide bienfaisant semblera protéger la matière qui nage, en même temps qu'elle détruira les révolutionnaires: la matière en se desséchant, se coagulant se transformera pour produire l'agneau sans tache résultant de la cuisson. La terre en se fixant prendra l'aspect d'un marbre dur et brillant, foudroyant, détruisant, perçant avec le feu céleste, lavant par des libations blanches comme du lait céleste, le corps ou le laiton blanchi dans le vase. L'armée des noirs combattants sera brisée en se heurtant contre la terre naissante et contre le produit de la fixation par le feu de l'agneau sans tache (Henri V).

NOTE.

Sainct, est formé des deux mots grecs (χτανω, tuant, détruisant, et ταναιτες, les agitant de la queue qui éveillent l'idée des serpents, de séductions, de tentations, de passions vaincues. Le sens intime du mot sainct est parfaitement rendu par cette étymologie.

En effet : qu'est-ce qu'un saint ?

Le christianisme prend l'homme dans son état naturel, ne pouvant tout au plus s'il est sage que se conserver en équilibre entre les excès, ne pouvant être qu'un épicurien de verta et c'est de ce niveau qu'il l'élève à la plus haute sainteté, c'est-à-dire à un état où tous les mauvais instincts de notre nature sont foulés aux pieds et où le bien dans ce qu'il a de plus général et de plus absolu devient la profession de tous les jours, de tous les instants, de tous les soupirs de la vie ; où l'âme toujours tendue et en haleine vers la perfection, non seulement s'interdit tout ce qui est défendu, mais se dépouille de tout ce qui est permis, de ce qu'il y a de plus doux, de plus cher, de plus inhérent à notre nature ; s'immole impitoyablement, se circoncit, ne vit plus de la vie sensible, de la vie concupiscible que pour y mourir tous les jours et par ce moyen naît, grandit, s'élève, s'étend, dans une nouvelle vie toute de perfection, de devoir, de vertu, où ne voyant jamais ce qu'elle fait de bien, mais ce qu'elle ne fait pas, elle se méprise en faisant des actes d'héroïsme, elle s'excite et s'aiguillonne par delà toutes les bornes connues du devoir et va se confondre, si l'on peut ainsi parler, avec la perfection infinie de Dieu lui-même.

Tout est bon au christianisme pour faire un saint : un enfant, un guerrier, un savant, un pâtre, une âme déjà pure, une âme criminelle, tout devient sous ses mains capable de sainteté. C'est même ordinairement dans les difficultés et les résistances de la nature et de la société qu'il opère ces métamorphoses appelées conversions et qui ne sont pas moins prodigieuses dans l'ordre moral que les métamorphoses de la fabuleuse antiquité dans l'ordre physique. S'il veut faire éclater la charité et le zèle de l'apostolat, il choisira un persécuteur : le loup sera changé en agneau : celui qui dévastait le troupeau en deviendra le pasteur le plus dévoué et le plus fidèle, Saul deviendra Paul (σαιιουσα υλη la matière agitée par les passions : Saul, deviendra Paul υλη πασυσα matière reposée dans la paix) : s'il veut faire voir l'intrépidité inflexible et l'héroïsme de la constance, il prendra le cœur d'une vierge : s'il veut nous ravir par un chef-d'œuvre de douceur et d'humilité, il ira chercher l'âme d'un roi : il fera venir la simplicité de la foi dans l'âme d'un philosophe et la plus sublime philosophie dans l'âme d'un artisan. Il inspirera à l'héritier d'un grand nom et d'une brillante fortune la passion du renoncement et de la pauvreté; il saisira l'élégante jeune fille au sein des caresses maternelles et sous les préparatifs de l'hymen, pour la transformer en sœur de charité et de la pécheresse que le monde conspue et rejette, il fera l'amante du Dieu trois fois saint (Clef de Mich. de Notredame 1872).

Nap. V.	La forteresse auprès de la Tamise
	Cherra par lors le Roy dedans serré
Henri V.	Auprès du pont sera veu en chemise
	Un devant mort puis dans le fort barré (37e Q.

Version littérale.

La	λαας	la pierre (Henri V
forteresse	φορτοστολος ερεσσων σελματα	pilote mettant en mouvement des vaisseaux
auprès	αυτεων πρησσομενον	faisant retentir ce qui éclate en brûlant la poudre)
de	δελησεται	détruira
la	λαον	la multitude
Tamise	ταμευων μισητων	des dévastateurs détestables

Cherra	χερσος ραδιος	l'or volatilisé
par	παραβαλλομενος	ayant manifesté
lors	λημα ορσαι	le désir de se mettre en mouvement, de ressusciter
le	λεξει	décrétera
Roy	Ρουσιος	le roux (Typhon)
dedans	δεδηγμενος ανστας	irrité s'agitant
serré	θηρατεον ραδιον	pour chasser le volatil.
Auprès	αυτεων πρησσομενον	faisant retentir ce qui éclate en brûlant (la poudre)
du	δυναστος	le maître
pont	ποντου	de la mer
sera	θηρασει	chassera
veu	υες ιεμενους	les porcs venus pour le combattre
en	ενιημενους	lançant
chemise	χευμα μισητον	un métal en fusion odieux
Un	ινες	les forces
devant	δευσιμου αντιου	de l'humide ennemi
mort	τενονται μοροις	seront tenues pour anéanties
puis	υς πυθουσα	la matière puante putréfiée
dans	δαις αναστρεφομενους	et la Torche (Typhon) ayant été renversée
le	λεια	par la pierre
fort	φορτοστολω	chef pilote
barré	βαρυνουσα ρηγνυμενα	les fixant en les taillant en pièces.

Traduction libre.

Henri V prenant le commandement en chef de sa flotte en mouvement fera retentir la poudre et détruira la multitude des dévastateurs détestés. L'or volatilisé ayant manifesté l'intention de naître à la vie politique, Napoléon V vrai Typhon, furieux s'agitera et lancera des décrets de proscription contre lui. Faisant retentir la poudre, Henri V maître de la mer chassera les hommes de la Révolution s'avançant pour le combattre avec des engins odieux. Les forces de l'humide ennemi seront tenues pour anéanties lorsque ceux de la matière noire putréfiée et Jérôme Napoléon auront été renversés par la pierre pilote qui les fixera en les taillant en pièces.

Nap. V. Henri V.	Le Roy de Bloys dans Avignon régner Une autre fois le peuple en monopolle Dedans le Rosne par murs fera baigner Jusques à cinq le dernier pers de nolle (38ᵉ Q.

Version littérale.

Le	λῃστὴς	le déprédateur
Roy	Ρουσιος	roux Typhon
de	δεσποτης	chef
Bloys	ος βλοσυρου	de la matière noire terrible
dans	δαιουσης αναστρεφο-μενος	incendiant, étant renversé
Avignon	ωναξ αυιαχος γνωστι-κως	le roi Jupiter retentissant suivant l'art
régner	ρεξει ερα γνησιη	régnera sur la terre vraie.
Une	ὑλη νεουσα	la matière volatile
autre	κουσα τρηχυνουσα	desséchée, durcie
fois	φοις	feu
le	ληθη	caché, obscur
peuple	πληρωσας πευκας	ayant équipé ses vaisseaux
en	εναντιωσει	combattra
monopolle	μοναρχον νανουρου πωλεως λῃστου	le souverain de la noire multitude pillarde
Dedans	δεδμημενη αναστασα	vaincue rendue à la liberté
le	λαα	la pierre
Rosne	νεουσα ρωσθεις	volatil affermi
par	παραδησεται	vaincra
murs		le serpent de mer (Typhon) révolutionnaire
	μυρον σαινοντα	
fera	φερonta φαγοντα	détruisant en sapant
baigner	δαινοντα ερᾳν γνησιον	foulant, occupant la terre vraie.

Jusques	ιυ σκευη σελην'ης	Jupiter sous les traits de la lune
à	αδρος	fort et puissant
cinq	χυων ινησεας καιουσας	portant en son sein des purgations brûlantes
le	λευκοφαιος	gris
dernier	ονρι νυσαιω εραζε	dans un combat final sur terre
pers	περσει	détruira
de	δεσποτην	le chef
nolle	λεου νωλεμου	du peuple obstiné.

Traduction libre.

Napoléon V. Typhon roux. chef de la terrible
matière noire incendiaire une fois renversé. Henri V
roi vraie matière de l'œuvre régnera sur la France.
Henri V matière volatile desséchée, durcie sous la
couleur noire équipera une flotte pour combattre le
souverain de la République pillarde. La pierre
(Henri V) qui avait été vaincue en 1830. une fois
rendue à la liberté, vaincra à son tour le Typhon
révolutionnaire qui détruit en sapant et qui occupe
le pouvoir en France. Jupiter sous les traits de la
lune ou de la couleur grise, portant la foudre ven-
geresse en ses mains puissantes, détruira, dans un
combat final sur terre, le chef du peuple obstiné.

NOTE.

Mur indique le grec μυρος mâle de la murène,
serpent de mer, ayant une peau grasse et épaisse,
marbré de brun sur un fond jaunâtre. Cet animal
vit dans la vase et pullule dans la Méditerranée, sa
voracité sans pareille avait fait concevoir à Vedius
Pollion. chevalier romain, l'un des favoris d'Au-

guste, un nouveau genre de cruauté : il faisait jeter
dans ses viviers peuplés de murènes les esclaves
qu'il avait condamnés et il prenait plaisir à considérer le spectacle de ces malheureux dont le corps
était déchiré en quelques instants par ces affreux
poissons.

Léon XIII. et Nap. V.	Qu'aura esté par prince Bizantin Sera tollu par prince de Tholouse La foy de Foix par le chef Tholentin Luy faillira ne refusant l'espouse 39e Q.

Version littérale.

Qu'aura	κυβερνητης αυου ραδιος	Le pilote du gouvernement tempo-rel et spirituel
esté	εστημενος	établi
par	παρα	de la part
prince	κειμενου πριν	de l'établi devant prince)
Bizantin	βιαιου ζανος τινοντος	puissant Jupiter justicier
Sera	θηρασεται	sera l'objet des persécutions
tollu	τολμηροις λυσσομενοις	d'audacieux maniaques, fous fu-rieux
par	παρα	de la part de
prince	κειμενου πριν	l'établi devant prince
de	δεσποτου	chef
Tholouse	θολου σειουση αυλον	de la boue ébranlant le fixe
La	λασεται	sera maltraité en paroles et en actes
foy	υιος φαου	le fils de la lumière
de	δεομενος	sollicitant
Foix	φωτα εξουσι	la lumière pour les suppliants
par	παρα	de la part du
le	λαιστης	le déprédateur
chef	κεφα'η	chef, tête
Tholentin	θολου εντιναστουσης	de la boue heurtant contre lui
Luy	υιος λυματος	le fils de la putréfaction
faillira	ιλλων ιερα φαινολιδα	ayant renfermé dans l'enceinte sa-crée celui qui apporte la lumière

ne	νευσει	encouragera
refusant	ρηξεις υς αντιους	les conspirateurs de la matière noire ennemie
l'espouse	λαθρα εσπεσθαι σελιδα αι	secrètement à apprêter la charpente de la croix pour la victime.

Traduction libre.

Le chef du pouvoir temporel et spirituel établi par le Dieu d'Henri V, puissant justicier, sera l'objet des persécutions d'audacieux fous furieux obéissant au démon, prince de celui qui commande à la matière en putréfaction, ébranlant les colonnes de la société. Le fils de la lumière (le Pape) sollicitant la lumière pour ceux qui la demandent, sera maltraité en paroles et en actions par le déprédateur commandant à la matière en boue, lui faisant la guerre. Napoléon V, Typhon né de la putréfaction, tenant prisonnier le pape Léon XIII dans l'enceinte sacrée du Vatican encouragera les conspirateurs révolutionnaires à préparer secrètement la croix qui doit servir à son supplice.

Léon XIII.	Le sang du juste par Taurer la dorade
	Pour se venger contre les Saturnins
Henri V.	Au nouveau lac plongeront la maynade
	Puis marcheront contre les Albanins (40e Q.

Version littérale.

Le	λειψεται	sera versé
sang	αγων σεισμα χολοις	ce qui amène le mouvement aux membres le sang
du	δυναστου	du Pape Léon XIII
juste	τυ στερεων	Jupiter se fixant
par	παροιστρος	agité de transports
Taurer	ταυροιδης ηρσας	comme un taureau furieux arrosant

la	λαϐρως	avec violence
dorade	δορατα αδηλον	l'armée noire ténébreuse
Pour	ποσειδων υρχη	Neptune dans l'urne
se	σεισιχθων	ébranlant la terre
venger	υηνια γηραια	la matière en putréfaction vieille
contre	τρεψεται κονει	sera changée en poussière
les	ληστευσατα	étant ravagée
Saturnins	ινεσι συνημεναις υρος σαττομενου νηω	par les forces réunies du feu engagé dans l'eau
Au	αυ	à son tour
nouveau	ναιος ουρανοδειϰτος ϰυθεντων υεων	Jupiter paraissant au ciel maitre de la couleur noire (Saturne)
lac	λακησεται	fera éclater son tonnerre
plongeront	οντι ϰερατι πλωνι	étant le croissant plein
la	λαϰτιζων	frappant
maynade	υν αλήλον μαινομεννη	la matière puante noire furieuse
Puis	υς πυθουσα	la matière noire en putréfaction
marche-ront	μαρyη χερης οντους	se livrant aux transports de ses passions, dénué de valeurs réelles
contre	τρεψεται ϰονει	sera transformée en poussière
les	ληστευσατα	étant ravagée
Albanins	ινεσι συνημεναις οχναυσου αλζου	par les forces réunies du laton blanchi.

Traduction libre.

Le sang du pape Léon XIII sera versé au moment où Jupiter (Henri V), prenant de la consistance, furieux comme un taureau (en volatilisation) versera une pluie de feu sur l'armée ténébreuse de l'enfer. Lorsque Neptune, roi des mers, fera sentir dans l'urne comme un tremblement de terre, la vieille matière en putréfaction sera changée en poussière par les ravages que lui feront éprouver les forces réunies de Saturne (Henri V) fixe errant et submergé dans l'eau ; puis, Henri V paraissant au ciel sous les traits de Jupiter devenu maître de la couleur noire (Saturne), alors que le croissant sera dans son plein, foudroiera la matière en putréfaction furieuse. La matière noire en putréfaction s'abandonnant à ses passions, matière superflue inutile sera réduite en poussière par les ravages qu'exerceront sur elle les forces réunies du laton blanchi (Henri V).

NOTE.

La mort de Léon XIII se trouve fixée en l'année 1884 par le quatrain 7 de la première centurie qui suit :

Tard arrivé l'exécution faicte, le vent contraire lettres au chemin prises, les conjurez XIIII. d'une secte, par le Rousseau senez les entreprises.

Voici sa version littérale :

Tard	ταραχη δηϑεται	la révolution sera enchaînée
arrivé	κρημηστω νεουτι	par le fixe faisant pleuvoir
l'exécution	εξκυλισθεις λαθουσι τινον	ayant été abattu par ceux qui l'au ront pris, le vénérable pontife
faicte	φαινον κτεομενους	éclairant ceux qui ont quelque va leur spirituelle et matérielle
le	λεκτεον	des avis à donner
vent	εντειλοντι υδατι	par ce qui commande sur la mer
contraire	αιρετος κονιον τρεφεται	le porteur se hâtant sera détourné mis en fuite
lettres	λειτουργου τρεμου συμβαινον	du prophète de l'agitation le résul tat
au	τυ	une autre fois
chemin	χηνη νακουσα	dans la voie déblayée
prises	τεσυληκμενον πριν	volé auparavant

λ =	30
ε =	5
σ =	200
κ =	20
ο =	70
ν =	50
ι =	10
ρ =	100
ρ =	100
ε =	5
σ =	200
	1000
Χ =	1000
IIII =	4
	2094
moins	210
égal	1884

Après avoir trouvé au moyen de la numération grecque que : *compares XIIII*, donnent 2094, nous continuons l'explication du vers par la traduction du mot *d'une*. Le point qui existe après XIIII. annonce une majuscule Δ ; ce Δ représente δεοντον manquant ou moins pris Δ, en numération grecque signifie 10. 10

Υ = 400 400

Ν = νοσφιζον en supprimant.

Ε = ημισυν la moitié, c'est-à-dire . . . 200

On 200 200

210

Secte	τεβτστης κτενεται	Le Pontife sera mis à mort.
par	παρανομησει	violera la justice
le	ληστευσει	commettra des vols
Rousseau	Ρουσιος σειων κυθεν-νου	le roux Typhon) agitant la queue. maître.
senez	σεληνη νηχομενη	la lune nageant
les	ληστοι	les voleurs
entreprises.	αντροφουσι στοσυλη-μενα παν	rendront les choses volées auparavant.

Traduction libre.

La Révolution sera enchaînée par le tixe (Henri V) faisant pleuvoir après que le vénérable Pontife éclairant les hommes de bien aura été immolé par ceux qui se seront saisis de sa personne, parce que le messager dépêché pour l'avertir du complot formé contre lui aura été détourné de son chemin par un vent violent, et parce que, dans une autre circonstance le livre contenant la prophétie qui le concerne aura été volé en route. C'est en 1884 que le Pontife sera mis à mort. Des injustices, des vols seront commis par Napoléon V, commandant en chef, mais sous Henri V à l'état de lune les voleurs rendront les choses volées antérieurement.

Le § 62 de la lettre à Henri décrit le genre de mort de Léon XIII ainsi qu'il suit :

Et sera le chef et gouverneur jetté du milieu et mis au lieu de l'air.

Et	ετος	Sans raison
sera	θηρασεται	sera pris
le	λειτουργος	le Pontife
chef	κεφαλη	tête
et	ετεα	véritable
gouverneur	νευρον ερετων κουφι-ζοντων υδωρ	nerf des rameurs soulevant la mer
jetté	υετου τευκτουσης	la pluie arrosant
du	δυναστω	par le chef
milieu	μιασων λυοντων ευοντων	des profanateurs, des destructeurs, des incendiaires.
et	εταιρων	associés
mis	μισω	dans la haine
au	κυερυσεται	il sera immolé
lieu	λιβαζων ευχομενον	versant des larmes, priant.
de	δεησει	par le besoin
l'air.	λιδου αιρων	d'eau versée périssant.

La version littérale ci-dessus motive la traduction libre suivante :

Sans aucune raison le Pape vraie tête et nerf des rameurs battant la mer du monde sera pris ; au moment où Jupiter fera tomber la pluie, le Pontife sera immolé au milieu de ses sanglots, de ses prières et des tourments de la soif par le chef des profanateurs, des destructeurs et des incendiaires.

Le quatrain 100 de la VIIIe centurie reproduit

dans son sens précurseur le genre de mort de
Léon XIII.

*Pour l'abondance de larmes répandue, du haut
en bas par le bas au plus haut, trop grande joy
par jeu vie perdue, de soif mourir par abondant
défaut.*

Napoléon III.	Esleu sera regnard ne sonnant mot Faisant le faict public vivant pain d'orge Tyranniser après tant à un cop Mettant à pied des plus grands sur la gorge (IIe Q.)

Sens précurseur.

Sera élu Louis-Napoléon, dit le Taciturne, et si
semblable au Prince dépeint par Machiavel : « Ceux
qui dédaignent le rôle de renard n'entendent guère
leur métier. Le point est de bien jouer son rôle et
de savoir à propos feindre et dissimuler. » Faisant
le saint dans la tournée où il préparera les esprits
au rétablissement de l'Empire et dans le même
temps faisant des orgies par la demande de crédits
triplant sa liste civile, il vivra aussi de pains d'orge.
Après un coup d'État où il mettra le pied sur la
gorge des députés représentant un pouvoir plus
grand que le sien, il usurpera un pouvoir tel
« qu'en hiérarchie n'en fut onc un pareil. » (VIII,
53.)

Version littérale.

Esleu	ἑστίας λευκου	De l'habitation du roi-soleil
sera	ὑρπάσεται	sera chassé
Regnard	δημιουργημα αρεος φονεος	la progéniture de Mars aimant le carnage

ne	νενηκως	ayant fait la guerre
connant	νευσαμενος σων αντιω	s'étant rendu sain et sauf à l'en-
		nemi
mot.	ταγω μωλει	comme un chef lâche
Faisant	φανησεται ως αντιος	il se montrera pire ennemi
le	λειτουργου	du Pontife
faict	φαινοντος ικταις	donnant la lumière aux suppliants
public	κυεοντος θυσιν πυκ-	portant en son sein la source jailli-
	νοτητος	sante de la sagesse
vivant	ως αντιος υδατος	pire ennemi de la sève circulant
	ιρμενου	c'est-à-dire la vie
pain	παγγετου ικοντος	de celui qui enfante toute chose pu-
		rifiante
d'orge.	δενσει οργης	manquera de cœur.
Tyranniser	τυραννησει εοαν	tyrannisera la terre à laver
	νιξεσιαν	
après	πωησνηρ αναξ	le serpent Typhon) roi
tant	τα εντος	les choses du dedans, le gouverne-
		ment
a	αγομενα	étant conduites
un	δι	par la force
cop.	κοπανου	de l'épée
Mettant	μεταβαλει τα εντος	il transformera le gouvernement
a	αδιους	les pauvres
pied	εδαξας πιονοις	ayant irrité contre les riches
des	δεσμευσας	ayant enchainé
plu-	ως πληρωματι	les gens aux appétits matériels par
		l'assouvissement de leurs désir-
grand-	γρυπαιετος ανδραων	l'aigle incendiaire, agitateur
	σειστης	
sur	συσρηξει	mettra aux prises
la	λαον	la nation
gorge.	γερμανια κορυστη	avec l'Allemagne guerrière armée
		d'un casque.

Traduction libre.

Napoléon III, fils des œuvres de Napoléon Ier, vrai Mars, dieu du carnage sera chassé du palais du Roi-Soleil après s'être engagé dans une guerre où il se rendra sans blessure à l'ennemi comme un chef lâche. Il usera de procédés hostiles et dégoûtants vis-à-vis du Pape qui procure la lumière à ceux qui l'implorent et qui porte dans son cœur la source jaillissante de la sagesse. Ennemi de la vie, ennemi des choses pures que le Pape répand à pleines mains, Napoléon III, vrai porc, manquera de cœur à l'égard de ce dernier. On verra le Typhon roi tyranniser ce pays de France, destiné à la purification, en le gouvernant par le despotisme militaire. Après avoir transformé le mode de gouverner en excitant le pauvre contre le riche, en enchaînant les gens aux appétits matériels par l'assouvissement de leurs désirs, l'aigle agitateur, incendiaire, brisera la nation française dans un conflit avec la nation allemande guerrière armée d'un casque.

Louis-Philippe Ier.
Nap. III.

| Par avarice par force et violence |
| Viendra vexer les siens chef d'Orléans |
| Près Saint-Mermire assault et résistance |
| Mort dans sa taute diront qu'il dort téans (42e Q.) |

Sens précurseur.

Louis-Napoléon aura cherché à usurper le pouvoir sous le gouvernement du chef d'Orléans qui, par avarice, force et violence, viendra vexer les siens, et qui, après avoir donné l'assaut aux républicains près du cloître Saint-Merry et avoir connu leur résistance, sera mort dans son palais assiégé, alors qu'on dira qu'il peut y dormir en sûreté.

— 174 —

Version littérale.

Par	παραχρουσει	Supplantera
avarice	χειαμενος αριθμετεος αυρον	l'enflammé pour compter l'or Louis-Philippe)
par	παροιτερον	l'aisné (Henri V)
force	φορα χειουσα	par une révolution brûlante
et	εταιρουζουση	servant d'auxiliaire
violence	υϊ εγχειμενη ολεναι	à la matière puante s'attachant à détruire.
Viendra	εναγης δρασκαζων υϊ	le pur, le blanc fuyant devant la matière puante
vexer	υβριζουση εξερευτεον	violéntant pour le faire sortir.
les	λησει	échappera
siens	ουσι ενφιγγουσι	aux pores attachés fortement
chef	χεφαλη	au chef
d'Orléans.	δεοτεροσεως ανστρεφαντι ορθον ληιζοντι	du second rang ayant renversé le légitime en le dépouillant.
Près	πρησεις	Ses entreprises
Sainct-	χτεινουσι σαινομενα	contre ceux qui tuent les passions (des saints)
Mermire	μερμερισας ιερω	ayant fait concevoir de l'inquiétude au pape
assault	τισεται υλλος σαινων ασεβης	sera puni le serpent agitant la queue impie
et	εταιροι	ses partisans
résistance	ρηξονται εγχερατεσσι ιστεμενουσι	seront expulsés au milieu des cornes naissantes de la lune (24 février 1848)
Mort	μορον τενεται	sera tenu pour anéantir
dans	δαϊς ανστρεπομενος	le Typhon renversé
sa	σαλευσει	par une révolution
tante	του εντερου	de l'intérieur
diront	δυρουμεται οντα	pleurera ses richesses
qu'il	χυαμενων ολη	choisi par la foule
dort	δορυφορουμενοις τεξουσι	par les citoyens l'ayant créé
léans	ληιστης ανστρεφεται	l'usurpateur sera renversé.

Traduction libre.

L'avare Louis-Philippe supplantera Henri V. représentant de la branche aînée avec l'aide d'agitateurs sortis de la matière noire ayant des instincts de destruction. Le roi blanc fuira devant ceux de la matière noire qui le violenteront pour le faire sortir, et échappera à ces gens livrés à leurs appétits matériels, obéisssant au chef de la branche cadette d'Orléans, dont le nom équivaut à = ayant renversé le légitime en le dépouillant. Ayant fait concevoir des inquiétudes au Pape par ses entreprises contre la religion et les fidèles, le serpent séducteur et impie sera puni et ses partisans seront expulsés au milieu du croissant de la lune (24 février 1848). Regardé comme mort le serpent renversé par une révolution intérieure pleurera ses richesses ; l'usurpateur choisi par la foule sera renversé par les citoyens qui l'auront élevé sur le trône.

Napoléon III.	Par le décide de deux choses bastards
Durée de son règne.	Nepveu du sang occupera le règne
Louis-Philippe	Dedans Lectoyre seront les coups de dards
Durée de son règne.	Nepveu par peur pliera l'enseigne (43e Q.)

Version littérale

Par	παρακρουσας	L'ayant supplanté
le	ληιζων	en dépouillant
décide	δεκαοκτωετια ιδην	l'espace de dix-huit ans, le fils
de	δεχομενου	du roi de droit
deux	δευσιμου-ξηρου	lune-soleil
choses	σεσοδημενος χωρας	étant chassé du pays de France
bastards	σημαινομενος δημιουργηματι εκσεως ταρατσομενου signalé comme bâtard.	

Nepveu	νεποδες νεικος	Le descendant filial, neveu.
du	δυναμενον	tenant sa valeur, son crédit.
sang	αγγωνος σεισμον	du sang dont il est sorti.
	κωλοις	
occupera	οκτοκαιδεκαετια	l'espace de dix-huit ans, dominera
	υπεραρξει	
le	ληιζων	en dépouillant
règne.	ρηκτηρα γνησιον	le roi légitime
Dedans	δαις δηνω αναστρεφειν	le Typhon avec le projet de revenir au pouvoir
Lectoyre	λεκτεω ουρεων	dans le réservoir des urines (la vessie·
seront	θηραων οντα	faisant rechercher les calculs existants
les	λησας	désirant
coups	κοπανιζειν υψοθεν	les broyer par en haut
de	δηιωσεται	sera tué
Jards	δαρθεις σφυγμου δεοντος	ayant subi une lésion arrêtant le battement du cœur
Nepveu	νεποδες νεικος	le neveu
par	παραβαλεται	sera jeté de côté
peur	πεδασας υρ	pour avoir mis des obstacles à la diffusion du feu sacré
pliera	πλεξας ιεραρχην	ayant conspiré contre le pontife
l'enseigne.	ενσεισας λαον γνησιω	ayant poussé le peuple contre le roi légitime.

Traduction libre.

Louis-Philippe portant dans ses armes la barre de l'illégitimité qui supplantera en le dépouillant pendant dix-huit ans le fils du roi de droit divin (soleil-lune), une fois chassé de France. Napoléon III, neveu de Napoléon Ier, tirant toute sa valeur du sang dont il est sorti, régnera pendant dix-huit ans au préjudice du roi légitime; dans l'espoir de reconquérir le pouvoir, le Typhon en faisant rechercher dans sa vessie les calculs qui le tourmentent pour les broyer au moyen du lithotriteur. subira dans cette opération une lésion qui arrêtera les battements du cœur et le fera mourir. Le neveu sera ainsi jeté de côté pour avoir mis des obstacles à la diffusion du feu divin. pour avoir ourdi la persécution contre le Pape et avoir excité le peuple contre le roi légitime.

Henri V.	Le procréé nature d'ogmion
Napoléon V.	De sept à neuf du chemin destorner
	A roy de longue et amy au my-hom
	Doit à Navarre fort de Pau prosterner. (4ie Q.)

Sens précurseur.

Engendré de l'ogmion (μυων ογκος, force brûlante. Typhon). de la septième année de l'empire à la neuvième. Napoléon III abandonnera le droit chemin. le peuple l'ayant fait aller droit jusque-là. et il se montrera. durant ces deux ans (1859-1861). l'ami du roi de longue race Victor-Emmanuel. descendant des plus vieilles maisons princières et ami d'un homme sans naissance. Garibaldi. le pourceau demy-homme (vrai Cacus); il devra avec leur concours renverser les Bourbons de Parme. de Naples. d'Espagne. qui auront à Pau leur berceau.

Version littérale.

Le	λεγομενος	Élu
procréé	προκαρηνετον	Pour gouverner avant
nature	ναττομενος υρης	le rempli de matières incendiaires
d'ogmion	δαννυμενος φυων	se montrant force enflée d'orgueil
	ογκηρος	

— 178 —

De	δησας	tenant captif
sept	σεπτον	le respectable
à	ανδρον	le fort
neuf	νεκρινον υφαλον	semblable à un mort, submergé
du	δυστατεοντα	errant sur
chemin	χηρην ιναουσαν	la voie vidée
destorner	δεσποζει τορητω νηρω	régnera sur la matière broyée, réduite en eau.
A	αυων	l'incendiaire
Roy	Ρουσιος	roux (Typhon)
de	δεχομενος	accueilli
longue	γυη λογου	sur la terre du suffrage universel
et	επαιριζομενος	ayant pour compagnons
amy	αμυγμους	les destructeurs
an my	αυ μυοντα	contre le fixe
hom	οματησει	combattra.
Doit	δοκησας	Ayant attendu le moment pour marcher
à	αυοντι	contre l'incendiaire
Navarre	αρρην ναυκρατησει	le fixe, le mâle vaincra sur mer
fort	φορτοστολος	commandant en chef
de	δημωσει	il le détruira
Pan	παυστεον	pour en finir
prosterner	ερα προστερνιζομενος	sur terre l'ayant serré contre sa poitrine.

Traduction libre.

Napoléon V, vrai Typhon, force incendiaire et
remplie d'orgueil, appelé au pouvoir par l'élection
avant Henri V, tenant en captivité ce personnage
digne de respect et fort, semblable à un mort, submergé et errant sur tous les chemins, régnera sur
la matière broyée, réduite en eau. Le Typhon roux
incendiaire, accueilli sur la terre du suffrage universel, ayant pour auxiliaires les destructeurs
combattra contre le fixe. Ayant attendu le moment

favorable pour marcher contre l'incendiaire, le mâle commandant en chef le vaincra sur mer, puis il l'achèvera sur terre en l'étouffant.

Napoléon V.	La main escharpe et la jambe bandée
Henri V.	Longs puisnay de Calais portera
Epoque de la déf.	Au mot du guet la mort sera tardée
de Nap.	Puis dans le temple à Pasques saignera (45e Q.)

Sens précurseur.

Henri V, enfant du duc de Berry né après la mort de son père n'aura pas la liberté de ses mouvements pendant son long exil: il arrivera pendant la volatilisation comme le vent du midi qui souffle doucement et amène la pluie — (Calais = καλος αερ qui souffle doucement). Il donnera la consigne d'attendre la mort de Napoléon V au pouvoir qu'il ne voudra pas provoquer. Pâques, époque du passage de l'ange exterminateur, punissant les impies, sera le jour où ce dernier sera frappé en France (πασχα).

Version littérale.

La	λαμπαδι	Contre la lune naissante
main	μανηςεται	se mettra en fureur
escharpe	αρην εσχατη	l'aigle dernière
et	εταιριζουσα	s'adjoignant comme compagnon-
la	λαλησεα	pour dire
jambe	ιαμβειους	des injures
bandée.	δανανσους δενσει	les ouvriers dans le besoin
Longs	γυη λογου σαιρου	dans la terre du suffrage en ruine
puisnay	ος πυθουτα ναυκρατη-σεται	la matière putréfiée sera vaincue sur mer
de	δεσποτη	par le roi

Calais	αισσοντι καλον	faisant le bien
portera	πορθμευοντι ερα	passant sur la terre.
An	χυλον	l'incendiaire
mot	ταγος μαλος	chef lâche
du	δυναμει	par la puissance
chef	χροιου εταιρου	du corps doux, ami
la	λαμπαδος	de la lune
mort	τεινομενος μορω	étant tenu pour anéanti
sera	θηραζεται	sera chassée
tardée	ταραχην δαχμενην	la révolution défaillante.
Puis	υς πυθουσα	la matière en putréfaction
dans	δαι ανστημενη	par le typhon excitée
le	δηλεται	pour ravager
temple	τεμενον πλειονοθρησιας	le pays du suffrage universel (la France)
à	αξεται	sera brisée
Pasque	πασχα υετος	à Pâques, la pluie
saignera.	στιρρον γνησιαν εραν	nettoyant la terre légitime, vraie.

Traduction libre.

Napoléon V, le dernier de la race portant l'aigle dans ses armes, se mettra en fureur contre Henri V alors qu'il se montrera à l'état de lune, s'adjoignant comme compagnons les ouvriers dans la détresse pour dire des injures à ce dernier. Dans le pays du suffrage universel en ruines, la matière noire en putréfaction sera vaincue sur mer par le roi passant sur la terre en faisant le bien. Une fois Napoléon V, chef incendiaire et lâche, tenu pour anéanti par la puissance d'Henri V, lune à la douce lumière, la révolution défaillante sera chassée. La matière en putréfaction excitée par le Typhon à ravager la France, pays du suffrage universel plein de richesses, sera brisée à Pâques lorsqu'on verra tomber sur la vraie terre la pluie purifiante.

Les trois Républiques.	Pol mensolée mourra trois lieues du Rosne
1re Du 21 sept. 1792 au 29 juil. 1830;	Fuis les deux prochains Tarase des trois
2. De juillet 1830 au 24 févr. 1848.	Car Mars fera le plus horrible trosne
3. du 24 fév. 1848 au 13 avril 1884.	De coq et d'aigle de France frères trois (45e Q)

Sens précurseur.

La République aux allures de fille furieuse et
débauchée (mensolée μηνιεμενη-ταυλα) viendra mourir à Tarascon, comme la Tarasque qui sortie du
Rhône y doit rentrer après trois courses. La première du 21 septembre 1792 au 29 juillet 1830; la
deuxième du 29 juillet 1830 au 24 février 1848; la
troisième du 24 février 1848 au 13 avril 1884.
S'adressant à Henri V à qui il dédie les VIIIe, IXe
et X^e centuries, M. de Notredame lui dit : « Tiens-
toi à l'écart de la Tarasque ou du monstre révolutionnaire pendant ses deux dernières courses pour
éviter sa fureur, car ce monstre inaugurera un pouvoir horrible où, au sang de Louis XVI, Louis XVIII,
Charles X, sera mêlé celui des Napoléon (aigle) et
des d'Orléans (coq).

Version littérale.

Pol	πόλις	La République πόλυς, πα), gouvernement de la foule, du suffrage
mensolée	μηνιεμενη πόλω κελιου	couronnée contre le disque du soleil
mourra	μωλυσασα υρι ρεδιω	l'ayant dissous en feu volatil
trois	τρισι οιττρηλασιαις	en trois transports furieux
lieues	υας λυετοι	les pores dissolvants
du	δυναστευσονται	seront dominés
Rosne.	νεουσα ρισθεισν	par le volatil affermi

Fuis	φυγγησασα ..	ayant fui ceux de la matière puante
les	λησις	la pierre
deux	δευτιμος-ἡμρος	lune-soleil
prochains	προ χανεται	avant que soit ouverte
Tarasc	ταραχη, ασκελης	la Révolution aux jambes égales (la deuxième)
des	δεσποτει	se rendra maîtresse
trois	τριτης οιστρηλασιας	de son troisième transport
Car	καρτερος	le fixe
Mars	τελχι μαοντι αρεος	par Mars, astre avide de guerre, de carnage
fera	φερουτι ραγεντι	détruisant en sapant
le	λεγομενω	ein
plus	υσι πληρουντεουσι	par les pores devant être satisfaits
horrible	συαχετω ολεπτεω	multitude confuse et bruyante devant être regardée avec horreur
trosne	ορρωδια	
	τρωσεται νεων	sera blessé nageant
De	δεσποτει	régnera
coq	κοκκυζων	le coq criard aux couleurs eclatantes
et	ετι	et
d'aigle	δεσποσει αιρδην ληιστης	régnera l'oiseau de proie impétueux (l'aigle)
de	δημοκρατια	le gouvernement démocratique
France	φραγγελουσης κεναγγια	du pays battu de verges a l'inanition (la France)
frères	φρατριον φηξασα	ayant fait sortir avec violence la maison royale
trois.	τριτας οιστρηλασιαις	pendant ses trois transports furieux

Traduction libre.

Le gouvernement républicain courroucé contre la royauté (le Fixe) le dissoudra en feu volatil pendant ses trois transports furieux, puis ceux de la matière putréfiée dissolvants seront dominés par le volatil affermi. Henri V, soleil-lune, ayant fui la matière noire avant que la seconde révolution ne soit ouverte. se rendra maitre de son troisième transport. Le fixe aura beaucoup à souffrir dans l'eau de la part de Mars, astre avide de carnage, qui détruit en sapant, après son élection par les gens aux appétits excités. multitude confuse et bruyante qui fait horreur à voir. On verra régner le coq criard aux couleurs éclatantes de Louis-Philippe, et l'aigle déprédatrice de Napoléon pendant les trois transports furieux du gouvernement démocratique qui aura fait sortir avec violence de la France châtiée. la maison royale.

NOTE SUR LA TARASQUE (ταραξίς)

Voici ce que la légende raconte sur l'origine du nom de Tarascon et de sa fameuse fête de la Tarasque. comme sur l'adoption de sainte Marthe en qualité de patronne de la ville.

« La cause que sainte Marthe vint habiter ce lieu
« fut un dragon furieux, de grosseur d'un taureau,
« ayant la tête d'un lion, le crin comme une jument.
« les dents comme des épées. le dos tranchant
« comme une faux, la queue de couleur de vipère ;
« qui marchait à six pieds, de forme humaine.
« estoit couvert d'une escaille comme une tortue et
« tellement hideux qu'on l'appeloit ordinairement
« Tarasque. — Ceux qui ont escri de ce dragon
« disent qu'il avoit esté engendré d'un monstre qui
« se nourrissait dans le fleuve du Jourdain. appelé
« Léviathan en Asie et d'un animal terrestre qui se
« nourrit dans les déserts de la Galasie appelé

« Bonassus ; et ayant traversé la Méditerranée
« entra dans le Rhosne et faisoit son séjour dans un
« bois qu'on appelait Nerlac, c'est-à-dire bois noir
« où est à présent la ville de Tarascon. »

Cette horrible bête, qui mangeait les bestiaux et
mieux les hommes, décida les habitants à invoquer
sainte Marthe alors occupée à faire des miracles à
Aix. Elle vint avec sa servante, alla trouver le dragon à sa caverne et lui commanda « au nom de
« Jésus-Christ crucifié qui avait écrazé la teste au
« dragon infernal de venir à elle sans faire mal à
« personne : ce que ce monstre fit avec mesme dou-
« ceur que s'il avait esté un agneau domestique, en
« se mettant aux pieds de la saincte et se faisant
« mener au peuple qui le mirent à mort et se con-
« vertirent à la foy de Jésus-Christ sous la prédi-
« cation que leur en fit saincte Marthe. »

Tous les ans, encore aujourd'hui, l'image de ce
monstre, dans un jour de fête solennelle parcourt
la ville entrainée au pas de course par les chevaliers de la Tarasque ; presque aussi redoutable que
l'était le monstre lui-même son image renverse,
culbute tout ce qui se trouve sur son passage, cas-
sant quelquefois des bras et des jambes. Ce divertissement attire une affluence considérable de tout le
pays environnant.

Sous le titre de *Fête de la Tarasque*, l'*Illustra-
tion* du 4 juillet 1846, p. 279, donnait une des-
cription assez fidèle de ce divertissement populaire
que le bon roi René remit en faveur après en avoir
arrangé les scènes suivant la tradition.

« En tête marchent les héros du jour, les Taras-caïres ou chevaliers de la Tarasque, sur deux rangs : ils sont trente environ, précédés de leur chef, qui porte le bâton de commandement, et sui-vis de leur drapeau sur lequel est représentée la Tarasque. Leur costume brille par la dentelle et la soie : à leur écharpe en sautoir pend l'image de la tarasque, dont ils sont plus glorieux qu'un grand d'Espagne de l'image de la Toison d'or : *leur co-carde est rouge et bleue : c'est la couleur de la Tarasque.* A la grande satisfaction des fabricants de Nîmes et de Saint-Étienne, il s'est débité depuis la veille je ne sais combien de mètres de rubans de cette nuance. Chaque Tarascaïre en décore le nerf de bœuf et la longue fusée qui arment ses mains : il en distribue à ses amis et à ses hôtes, aussi pro-digue de ces faveurs tricolores, que tel ministre du ruban de la Légion d'honneur.

« A une heure de l'après-midi a lieu la *première course de la tarasque...* Une explosion d'artifice annonce bientôt la tarasque elle-même *sur la place de la mairie, où la foule frémissante l'appelle par ses cris. A son aspect, les acclamations redoublent, les mères montrent à leurs enfants cet animal extraordinaire, masse informe abritée sous une carapace d'où sort une tête de dragon jetant par les naseaux des gerbes de feu.* Quelques tarascaïres cachés dans les entrailles de la tarasque, ont soin d'entretenir ce souffle infernal avec leurs fusées, d'autres, poussant le monstre, lui prêtent *une agi-lité extraordinaire ;* mais il faut se garder surtout *de sa queue*, longue poutre qui se meut en tous sens et qui a plus d'une fois cassé bras ou jambes, car ce jeu est sérieux pour ceux sur qui la tarasque se retourne tout à coup à l'improviste, et c'est alors que la tarasque a bien fait *a ben fa*, comme on dit du bœuf qui blesse ou tue le toréador. C'est alors qu'on crie plus haut : la Gadéou, la tarascou !... Heureusement cette année le nombre des boiteux et des manchots de Tarascon ne s'est pas augmenté. La tarasque a décrit toutes ses évolutions avec toute la *fureur traditionnelle* : mais *les fuyards ont couru plus vite qu'elle*. Ceux qui l'ont poursuivie se sont toujours écartés à propos, où ils en ont été quittes pour quelques contusions.

« *La bouto embriagou* n'a pas non plus envoyé beaucoup d'estropiés à l'hôpital. Pendant que la tarasque se repose de sa première sortie, des hommes aux sacs et aux barres, qui sont des portefaix courent avec leur tonnelet suspendu à la corde : ils renversent tous ceux qui se laissent toucher par leurs barres et par la *bouto embriagou*, dont l'oscillation continuelle rend cette course assez originale.

« Un épisode invite tout à coup au recueillement, au milieu du tumulte : *Notre-Dame des Poitres* vient en personne assister à la fête, escortée de plusieurs... Admirez-les sans profane indiscrétion, car dans le cortège des bergers il en est un dont il faut vous défier, celui qui porte la provision d'huile visqueuse dont on goudronne la laine des moutons hargneux. Pendant que vous êtes là à vous ébahir le nez au vent, il trempe une baguette dans son huile et vous la passe sur la lèvre supérieure, de manière à y laisser *une sale et puante* moustache ; les rieurs ne seront pas de votre côté si vous êtes la victime de cette grossière malice.

« Tenez-vous aussi à une distance prudente des ouvriers qui viennent piocher la terre et y planter leurs ceps : il en est deux qui traînent chacun un bout de la corde dont ils se sont servis pour délimiter le champ du travail ; au moment où la foule se serre autour de ces vignerons, la corde se déploie et ses replis tendus s'ouvrent pour fouetter les jambes des badauds qui se renversent les uns sur les autres.

« La musique annonce une autre scène. C'est l'Enfant-Jésus qui a voulu lui aussi, comme sa mère, venir voir les jeux de la tarasque. En l'absence de l'ânesse, il accepte l'offre du robuste personnage à qui sa complaisance pour l'Enfant divin a valu le nom grec de Christophe et le titre de patron des portefaix. L'Enfant-Jésus bénit les fidèles ; mais saint Christophe, armé d'un balai terminé par une touffe d'orties, sous prétexte d'approprier la voie publique pour son divin fardeau, s'adresse aux jambes des curieux... Les jardiniers avec leurs arrosoirs et leurs pompes, font tomber au loin une pluie d'orage... A l'averse de terre succède la *trombe marine*, lorsqu'un autre char en forme de bateau, connu sous le nom d'Esturgeon, signale la présence des mariniers du *Rhône* dans la fête. Les pompes des bateaux lancent leur déluge plus haut que les pompes des jardins. Si vous n'avez été qu'arrosés une première fois, vous êtes noyés une seconde... Les malices des ménagers sont plus innocentes et dignes de l'âge d'or ; il en bien parmi eux qui feignent de prendre votre *soif* en pitié, vous invitent à donner l'accolade à leurs calebasses, et l'approchant eux-mêmes de vos lèvres, vous ondoient au lieu de vous désaltérer ; mais la plupart se contentent de figurer sur leurs mules dans la promenade de Saint-Sébastien, distribuant çà et là de petit pains.

« Gardez-vous bien de médire de la tarasque (à Tarascon) qui a fourni *ses trois courses,* outre les scènes d'intermèdes, vous seriez traités de sacrilège et expulsés de la ville, si vous n'y étiez pendu ; car la tarasque est à la fois, pour Tarascon, ce qu'était le *Palladium* pour la ville de Priam, le veau d'or pour Israël idolâtre, le dieu Bel pour les Babyloniens. Attaquer la tarasque, c'est attaquer le Tarasconnais dans ses affections, son honneur, sa religion même.

Parallèle.

TARASQUE (monstre).	RÉVOLUTION (Ταραξις, Ταραχη)
Couleurs adoptées par les tarascaïres : *rouge et bleu.*	Couleurs adoptées par les révolutionnaires parisiens : *rouge* et *bleu.*
Domicile de la tarasque à Tarascon : *Hôtel-de-Ville.*	Lieu où s'organise la révolution à Paris (1792, 1830, 1848) : Hôtel-de-Ville.
Le peuple accueille sa sortie sur la place avec des cris de joie.	Le peuple accueille sur la place avec des cris de joie, la proclamation des gouvernements provisoires et des constitutions révolutionnaires.

— 189 —

Elle a une *course rapide*.	Elle s'introduit rapidement dans les esprits. Les armées de la liberté parcourent l'Europe au pas de course.
Souffle le feu que les Tarascaïres cachés dans ses flancs entretiennent ; s'est nourrie de sang humain.	Souffle le feu des guerres civiles et étrangères, que des sociétés secrètes entretiennent, a répandu le sang humain sur l'échafaud et les champs de bataille.
Sa queue blesse.	Sa queue, dite de Robespierre, continue la révolution après son passage.
Elle fournit *trois courses*.	La Révolution française fournit trois courses : de 1792 à 1830, de 1830 à 1848, de 1848 à 1884.
Répand une grande puanteur.	Elle répand une putréfaction morale.
Blesse ceux qui ne peuvent la fuir.	Condamne à mort ceux qui ne peuvent émigrer.
Est tuée par un habitant d'Arles.	Par Mars ouvert Arles le donra guerre.
La religion figure dans la fête de la Tarasque, mais pour y être en quelque sorte bafouée. Celui-là même qui porte le *Christ* blesse les assistants.	La religion, appelée à consacrer la Révolution, perd en considération et en respect, et elle est bientôt persécutée. Des prêtres assermentés blessent les âmes qu'ils devaient sauver.
Maux qui accompagnent la tarasque : feignant de désaltérer les assistants, les tarascaïres les inondent ; on distribue çà et là seulement des petits pains : barre et corde qui renversent, eau, déluge, trombe, mariniers du Rhône.	Maux qui accompagnent la Révolution : faim, froid, soif, feu, eau, fer, corde, guillotine, pendaison, invasion des peuples, discorde, folie, peste.
Amour des Tarasconnais pour la tarasque.	Amour des Parisiens pour la Révolution et ses œuvres.

Nap. V.	Lac trasménien portera tesmoignage
	Des conjurez sarez dedans Pérouse
Henri V.	Un despolle contrefera le sage
	Tuant Tedesque de Sterne et Minuse. (47ᵉ Q.)

Version littérale.

Lac trasménien	)ακέων Θρασύς μηνικῶν ὑγνιχ	Faisant éclater son tonnerre le fixe courroucé contre la matière en putréfaction

portera	πορθησει ηραρων	la ruinera en la fixant
tesmoignage	τεσσαρεσχαιδεχατιται μοιχοχτονος χναπτων γην	le quatorzième jour de la lune de mars tenant le corrupteur qui torture la terre.
Des	δεσμολυτος	Délivré de ses chaînes
conjurez	ιυ χοναβεων ρησσων	Jupiter retentissant volatil
sarez	σαβρωσει ρησσων	ruinera en heurtant contre
dedans	δαϊν δεδηγμενην ανστρεφουσην	le Typhon irrité s'agitant
Pérouse	πειρουσην σειριαειν ουλον	s'efforçant de brûler le fixe
Un	ινες	les forces
despolle	δεσποτου ολετηρος λειας	du tyran destructeur de la pierre
contrefera	τρεφθησονται ερα χονια	seront changées en terre poudreuse
le	λεια	par la pierre
sage	σαττουση γης	en les comblant de terre
Tuant	τυφων αντιος	Typhon ennemi
tedesque	χυεων τεμνειν δεσποτην	ayant conçu la pensée d'immoler le roi
de	δημωσεται	sera détruit
Sterne	στερεω νεοντι	par le sec volatilisé
et	εταιριζομενω	accompagné
Minuse.	υσεως μινυουσης	de pluie consumante.

Traduction libre.

Henri V, à l'état de matière fixe, courroucé contre la matière en putréfaction, faisant éclater son tonnerre, ruinera cette matière en la fixant, le quatorzième jour de la lune de mars (13 avril 1884) en immolant l'usurpateur qui torture la France. Délivré de ses entraves, Henri V sous les traits de Jupiter volatil retentissant ruinera en le brisant Napoléon V, vrai Typhon irrité qui s'agitera en s'efforçant de brûler le fixe. Les forces du tyran destructeur de la pierre seront réduites en poudre par la pierre qui les enterrera. Le Typhon ennemi qui avait conçu la pensée de faire périr le roi sera détruit par le fixe volatilisé accompagné de pluie consumante.

Henri V.	Saturne en Cancer, Jupiter avec Mars,
	Dedans février Chaldondon Salvaterre
Nap. V.	Saull Castulon assailly de trois pars
	Près de Verbiesque conflit mortelle guerre. (48e Q.)

Version littérale.

Saturne	υρ ταττομενον νεον	Le feu fixe en eau
en	εναλλασσομενου	changé
Cancer	κανονικως κεραυνειω	suivant les règles en Jupiter
Jupiter	ω πιτυλεοντι γραφοντι	l'unique s'agitant avec bruit fixant
avec	αυτοκτενει εκκλησιαν	détruira lui-même la troupe
Mars	σελκος μκοντος αρεος	de l'astre avide de carnage (Mars)
Dedans	δεδμημενος ανστησας	Le dompté rendu à la vie
février	φεβρυαριω υρι ιερω	en février par feu sacré
Chaldondon	δοναξι δονεομεναις κολαομεναις	avec les flèches volatiles lancées
Salvaterre	υαλωσει σαλευομενους ρηξαντους τερατοδως	vitrifiera les agités brisés merveilleusement
Saull	υλλος σαινων	le serpent d'eau agitant la queue
Castulon	κατελβας τυλον	prostitué endurci
assailly	ασεβης σαινων ιλυν λυμωδη	impie, remuant la boue impure
de	δεσποσει	sera chef
trois	τριτη οιστρηλασια	pendant le troisième transport furieux
pars	παριζητεαντος σεισματος	de la Révolution à fixer
Près	πρηστηρ	le Typhon
de	δεσποτης	chef
Verbiesque	υηνιας ερειδουσης υετω εσκουση δια	de la matière putréfiée l'appuyant par la pluie lancée avec force

conflit	κοναβεοντος φλεγμα- τος ιτεοντος	du retentissant feu volatilisé
mortelle	μορω τελειως λειψεται	sera laissé pour mort définitive- ment
guerre.	γυιων ρηςσομενων εριδι	les membres brisés dans cette guerre (ερις ρηκτεα γυια)

Traduction libre.

Henri V d'abord sous les traits de Saturne (feu fixe en eau) changé suivant les règles de l'art sacré en Jupiter seul maître tonitruant, fixant, détruira lui-même l'armée de Napoléon V, vrai Mars, avide de carnage. Abattu par la Révolution de 1830, Henri V rendu à la vie politique par la vertu de son sacre, au moyen des flèches volatiles qu'il lancera, vitrifiera la foule agitée de ses ennemis après l'avoir brisée d'une manière merveilleuse. Le serpent d'eau agitant la queue, prostitué endurci, impie, remuant la boue impure, sera chef pendant le troisième transport furieux de la Révolution à fixer. Le Typhon, chef de la matière en putréfaction ayant eu les membres brisés dans cette guerre par la pluie lancée avec force de la part du feu volatilisé retentissant sera laissé définitivement pour mort.

| Henri V et Nap. V. | Satur au bœuf jove en l'eau Mars en flèche Six de février mortalité donra |
| Date du triomphe. | Ceux de Tardaigne à Bruge si grand brèche Qu'à Ponteroso chef barbarin mourra. (49e Q.) |

Version littérale.

Satur	υρι σαττομενω	Par Saturne, feu fixe
au	κυθενθεις	ayant été vaincu
bœuf	υφαλω βοεω	caché sous la matière noire
jove	τω υεοντι	par Jupiter pleuvant

en	ἐναλασσομενω	changé
l'eau	ἑαυτω λαα	lui-même en pierre
Mars	στρατηγος μαιωναρεος	le chef avide de carnage (Mars)
en	ἐναρεται	sera tué
fleiche	ἐλχνυοντων χελιδονων	les hirondelles babillant (retour d'a-vril)
Six	σιγματι ξαντικου	pendant le croissant du mois d'a-vril
de	δειξει	paraîtra
février	φερενικος υς ιερον	victorieux le feu sacré
mortalité	μορω ταλαπωρεων ιτεους	affligeant par la mort les vivants
donra	δοναξι ραδιοις	avec des flèches volatiles.
Ceux	κακουργοι ευξυνθετοι	Les criminels fidèles
de	δεσποτη	au chef
Tardaigne	ταραχευοντι γνησιον δαιμονιον	tourmentant le légitime roi de droit divin
à	αυτεοντες	combattant
Bruge	βρυχοντες γεγωνεοντες	grinçant des dents, vociférant
si	σιω	contre Dieu
grand	γρυπαιετω κυδεοντι	aigle couronnée
brèche	βρεξονται χευματι	seront pénétrés par la pluie lancée
Qu'à	αναξ κορακινον	le roi aux replis tortueux Typhon
Ponteroso	ἐρομενος ποντω σοθεομενω	vomi par la mer agitée
chef	κεφαλη	tête, chef
barbarin	βαρβαρων νετεων	des barbares à purifier
mourra.	μωλοπιζεται υρι ραδιω	sera meurtri par le feu volatil.

Traduction libre.

Napoléon V, vrai Mars avide de carnage, vaincu une première fois par Henri V à l'état de Saturne (feu fixe caché sous la couleur noire) sera tué par lui transformé en Jupiter lançant une pluie fixante au retour des hirondelles babillardes, c'est-à-dire au commencement d'avril. Pendant le croissant d'avril paraîtra le feu sacré victorieux affligeant de la mort les vivants par des flèches volatiles. Les criminels attachés à l'aigle couronné leur chef persécutant le roi légitime de droit divin, combattant, grinçant des dents, vociférant contre Dieu seront pénétrés par la pluie lancée. Typhon aux replis tortueux vomi par la mer agitée, chef des barbares à purifier, sera meurtri par le feu volatil.

NOTE COMPLÉMENTAIRE.

Le texte français de ce quatrain :
Satur au bœuf Jove en l'eau mars en fleiche
Six de février mortalité donra.
nous dit que la lutte entre Napoléon V et Henri V commencera le 6 février, alors que la planète *Saturne* sera dans la constellation du Taureau, la planète *Jupiter* au commencement du Cancer au coucher du fleuve Verseau, et la planète *Mars* au milieu du Cancer, en flèche, c'est-à-dire en avant.

Ce fait astronomique est calculé ainsi par les astronomes de Paris pour février 1884 :

Saturne au tiers du Taureau ;

Jupiter au commencement du Cancer ou de l'Écrevisse ;

Mars au milieu du Cancer ou de l'Écrevisse.

L'année 1884 est indiquée au quatrain 96 de la III⁰ centurie dans ce vers : *Saturne en Leo XIII de février.*

Qui doit se traduire ainsi :

Saturne paraîtra feu sacré vainqueur en février 1884.

Et voici comment nous obtenons ce chiffre au moyen de la numération grecque :

ς =	5	Dans le mot *de* nous trouvons le chiffre à soustraire.
ν =	50	
λ =	30	Le δ nous indique le mot δεοντων manquant, puis le δ représente. 4
ε =	5	
ω =	800	Et le ε 5
Χ =	1000	
ΙΙΙ =	3	9 unités.
	1893	
moins	9	
égale	1884	

C'est la même année que celle de la mort du Pape.

Henri V. Nap. V.	La pestilence l'entour de Capadille
Dysenterie.	Une autre faim près de sagont s'appreste
Famine.	
Défaite de Nap. V	Le chevalier bastard de bon sénille
sur mer et sur terre	Au grand de Thunes fera trancher la teste. 50e Q.

Version littérale.

La	λαος	Le peuple
pestilence	πεσουται τιλυκτι εγκειμενω	périra par un tiraillement spasmodique pressant
l'entour	διαστεριον ουρα	le flux de ventre à l'anus
de	δευτερου	l'humide, la matière en eau.
Capadille	καιοντος παδχοντος ελροντος	brûlante s'élançant en vapeurs s'enroulant, se volatilisant.
Une	υλη νερω	la matière en eau
autre	κουσατα τραχυνου-σατα	se desséchant, se durcissant.
faim	φαγεδανα εγαλιδος	une faim dévorante. Cérès
près	παχομενου	étant brûlée par la chaleur
de	διπποται	régnera.
sagont	σταφυου γιου τηλετε	Le fruit de Bacchus sera consommé
s'appreste	απο του πυκτττερο-κοστερος	de la part de Dieu maître du tonnerre

Le	λακνεται	sera broyé
chevalier	ερα χεουσα αλι	par la terre flottant sur la mer
bastard	δημιουργημα βασεως	le produit d'un accouplement dé-
	ταρασσομενου	sordonné
de	δεικνυον	se montrant
bon	βων = βουν	matière noire
sénille	σχνουμενον ελλοντα	agitée en vapeurs s'enroulant.
Au	αυ	Dans une seconde rencontre
grand	γρυπαιετου ανδαιοντος	l'aigle incendiaire
de	δεσποζοντος	commandant en chef
Thunes	θυοντος νησου	s'élançant de terre
fera	φεροντος ραγεντος	détruisant en sapant
trancher	χερσω τραχνουντι	par le fixe retentissant
la	λακαζεται	sera mis en pièces
teste.	τεσσαρεσκαιδεκατω	au quatorzième jour saint, c'est-à
	τελειω	dire Pâques.

Traduction libre.

Le peuple français se verra décimé par le fléau
de la dysenterie alors que la matière en eau brûlante se volatilisera : au moment où la matière en
eau se desséchera et se durcira régnera la famine
parce que les fruits de Cérés auront été brûlés et les
fruits de Bacchus auront été desséchés par la main
divine du maître du tonnerre : par Henri V à l'état
de terre flottant sur la mer sera vaincu Napoléon V
souverain illégitime se manifestant sous l'aspect
d'une matière noire agitée, se volatilisant ; dans
une seconde rencontre sur terre Napoléon V chef
incendiaire qui détruit en sapant sera mis en pièces
par Jupiter tonitruant le jour de Pâques qui est
toujours le quatorzième jour de la lune.

Défaite de Nap. V et de la révolution. Restauration de la monarchie chrétienne.	Le Bizantin faisant oblation Après avoir cordube à soy reprinse Son chemin long repos pamplation Mer passant proy par la Golongna prinse. 51e Q.

Version littérale.

Le	λεγεται	Sera appelé
Bizantin	βια ζανος τινουσα	Jupiter lui-même, justicier
faisant	φραγνυμενος οξαντιους	fixant les pores ennemis
oblation	τιοντες λαθρους οξρι-μους	considérés comme voraces violents
Après	πρηγτηρι ανακτι	contre le serpent roi
avoir	κυουτι ιερω	faisant la guerre au sacré, à Dieu
cordube	κορυσσομενος δυακις ρκακος	le fixe armé deux fois
à	κεει	s'élancera
soy	σευμενος	désirant impatiemment
reprinse	ρηγνυναι σεσυλημενα πριν	arracher les choses volées antérieurement.
Son	σαν	Sauver
chemin	ωηοει χυμεν	il déblaiera l'entrée
long	γυνε λογου	de la terre du suffrage
repos	ρηιαι ποσειδονι	en détruisant sur mer
pamplation	παν πλαιιον	toute la flotte.
Mer	μεριμνκον	Celui qui se préoccupe
passant	αντιαγοραζων παττων	d'échanger le fixe
proy	προ υγρου	à la place du volatil, de l'eau
par	παραδωσει	rendra
la	λαω	au peuple
Golongua	γναπτομενω λογω γοητω	tourmenté par le suffrage menteur
prinse.	σεσυλημενα πριν	les choses enlevées antérieurement

Traduction libre.

Henri V sous les traits de Jupiter sera appelé Justicier, fixant la matière puante comme les pores à la voracité violente. A deux reprises Henri V à l'état de matière fixe s'avancera à la tête de son armée contre Napoléon V, vrai Typhon faisant la guerre à Dieu, avec le désir impatient de lui arracher le pouvoir qui lui avait été ravi. Il déblaiera heureusement l'entrée de la terre du suffrage universel en détruisant sur mer toute la flotte. Soucieux de substituer le fixe au volatil, à l'instable, il rendra au peuple tourmenté par le suffrage menteur la vieille monarchie qui lui avait été enlevée.

Napol. V défait. Règne du roi légitime et chrétien.	Le Roy de Bloys dans Avignon régner D'Amboise et semer viendra le long de lyndre Ongles à Poytiers sainctes aisles ruyner Devant Bouieux viendra la guerre esteindre.

52e Q.

Version littérale.

Le	ληϊστής	Le déprédateur
Roy	Ποντιος	roux Typhon
de	δεινογων	commandant
Bloys	οι φλογερ	les pores terribles
dans	δριοντα απαστρεφε-μενος	incendiaires, étant renversé
Avignon	ναι ναιεγρας ρωπ-τιχος	le roi Jupiter retentissant suivant l'art hermétique
régner	βαω εσα γιεια	régnera sur la vraie terre.
D'Amboise	ισομενος ομβριμων οισεων	fixé, se développant, fructifiant
et	επιφοιομμενος	le transformé
semer	σπηλαιος εραων	Jupiter arrosant
viendra	εναντιος δρακοντος οιεω	ennemi du serpent corrompu
le	ληϊζοντος	ravageant
long	γαια λογου	la terre du suffrage universel
de	σχιω	fixera
lyndre	λαβρον ου δρπετον	la vorace matière puante volatile

Ongle	ογκω ληιστω	contre Typhon déprédateur
à	κροντι	incendiaire
Poytiers	εφραντι τιστεω πουλυ	ayant équipé pour venger la Répu- blique
sainctes	σκινουμενος κτητεω	les agités en son pouvoir
aisles	ληιτω κιττουσα	Mercure en pierre s'élançant
ruyner	εραιτει ουκ ετον υειχου	fixera la multitude confuse, bruyante et corrompue
Devant	Δευτμος αντιουμενος	l'humide résistant
Bonieux	Βοιντα ευρυνθετα	à la terre montagneuse solide
viendra	εναντια δραχοντος υειχου	ennemi du serpent corrompu
la	λαθουσης	arrivant
guerre	εριδος ραχταξα γυια	le combat qui brise les membres
esteindre	εσταθησονται τας δρησται	seront fixées les forces volatiles

Traduction libre.

Après la défaite de Napoléon V, vrai Typhon déprédateur commandant les gens aux appétits matériels, redoutables incendiaires, le roi sous les traits
du Jupiter retentissant de l'art sacré régnera sur la
terre (la France). Henri V à l'état fixe croissant se
développant, transformé en Jupiter lançant la pluie,
ennemi du serpent corrompu qui ravage la terre du
suffrage universel, fixera la vorace matière puante
et volatile. Henri V à l'état de Mercure en pierre
marchant contre Napoléon V, Typhon déprédateur,
incendiaire, qui aura, pour venger la République,
organisé en armée tous les révolutionnaires dont il
pourra disposer, arrêtera les projets de la multitude
confuse, bruyante et corrompue. Le volatil ayant
opposé son drapeau à celui du fixe ennemi du serpent corrompu, le fixe immobilisera le volatil quand
arrivera le jour du combat.

Napoléon III.	Dedans Bolongne voudra laver ses fautes
	Il ne pourra au temple du soleil
	Il volera faisant choses si hautes
	En hiérarchie n'en fut oncq un pareil 33e Q.

Sens précurseur.

Napoléon III, enfant de l'aventure, connu seulement par ses fautes en Italie, à Strasbourg, ayant traversé l'eau à Boulogne, voudra les laver dans des proclamations propres à les faire absoudre. Il dira : il y a un moyen de faire de grandes choses, c'est de les vouloir. Je veux, je veux, je veux... Il ne pourra. Cette échauffourée sera pourtant la cause de son élévation. Il volera en France sur les ailes de son aigle de Boulogne et en faisant ces grandes choses (VIII. 32; — IV. 65; — VIII. 41), il obtiendra le pouvoir le plus absolu qui fût jamais.

Version littérale.

Français	Grec	Traduction
Dedans	[illegible]	Furieuse, la torche enflammée se lèvera
Bolongne	[illegible]	son origine légitime ayant été produite par le suffrage
voudra	[illegible]	pour faire fuir la lune-soleil
laver	[illegible]	afin de jouir de la terre
ses	[illegible]	ayant couvert
fautes	[illegible]	ses bassesses
Il	[illegible]	Il se rendra propice
ne	[illegible]	les avides, les affamés
pourra	[illegible]	attaquant avec le feu volatil
au	[illegible]	pour se rendre maître
temple	[illegible]	dans le pays du suffrage universel
du	[illegible]	du pouvoir
soleil	[illegible]	du disque éclatant

Il	Ἵλεως	il se rendra propice
volera	τοὺς ὑλοφράκους ἔσα	les hommes matériels, apportant ruine à la terre
faisant	φαίνουσα ὑς ἀντι	en montrant l'homme matériel à la place
choses	θετοθἐμενου χωρας	du chassé de France
si	θεου	Dieu
hautes	κατὰ τῆς στενοὺς	par une guerre sienne d'oppression
En	ἐκ, ει	lancera
hiérarchie	ἀρχιερω ιερου	contre le grand prêtre de l'Eglise
n'en	νομων ἐναντιους	des lois divines et humaines les ennemis
fut	φυτον	l'enfant
oncq	ογκου κακου	du Typhon orgueilleux ayant conçu la pensée
un	ει	par la force
pareil.	παραδαχειν εδὶκρουσι	de dépasser le brillant soleil.

Traduction libre.

Napoléon V, vrai Typhon, une fois légitimé par le suffrage universel, s'agitera avec fureur pour éloigner Henri V, afin de jouir du pays de France après avoir réussi, dans une certaine mesure, à colorer ses bassesses. Il se rendra propice les gens avides et ambitieux, en attaquant avec le feu volatil, dans la France si riche, le pouvoir du roi-soleil, afin de s'en emparer. Il se rendra propices les hommes livrés à leurs instincts matériels qui apportent à la France sa ruine, en mettant en relief l'homme matériel, à la place Dieu chassé du pays par une guerre d'oppression. Napoléon V, enfant de l'orgueilleux Typhon, lancera les ennemis des lois divines et humaines contre le Pontife de l'Eglise, après avoir conçu la pensée de vaincre par la force le brillant roi-soleil.

Nap. V. Henri V.	Soubs la couleur du traicté mariage
La justice divine apaisée par la pénitence.	Fait par magnanime par grand Chyren Selin Quintin Arras recouvrez au voyage D'Espagnols fait second banc maclin. (54e Q.)

Sens précurseur.

Par une descente près de Marseille, sous couleur d'épouser la France, fait magnanime accompli par le grand Henri de Bordeaux Cinq d'Artois. Bordeaux, Quentin, Arras (ou la France) seront recouvrés, au retour d'exil, sur des Espagnols avec qui la France aura contracté un second mariage illégitime.

Version littérale.

Soubs	ὑψωσας σῶμα	Ayant élevé jusqu'aux nues sa tête
la	λακτίζων	foulant aux pieds
couleur	εὐρῶτα κοῖλον	la fange profonde
du	δυσαίθριος	le ténébreux, privé de lumière, Typhon
traicté	τραχηλίσει ἱκέσιον	renversera celui qui protège les suppliants
mariage	ὑδάτος ἀδηλου-γῆς μαρναμενων	l'eau noire et la terre, l'humide et le sec luttant ensemble
Fait	φαινων ζώουσι	celui qui donne la lumière aux vivants
par	παρακαλέων	appelant au secours
magnanime	γναπτομενος μαχαιρι μεγαιρόντι νυκτοειδος	étant tourmenté par la lie baissant dans l'ombre
par	παραθραυσεται	sera abattu
grand	γρυπαιετος ανδαιων	l'aigle à bec de griffon incendiaire
Chyren	χυτω ρηνι	par l'agneau coagulé-soleil
Selin	σελαῒ νεομενη	lumière purifiée, blanche lune
Quintin	κυων εγγεας τινουσας	portant en son sein des châtiments vengeurs

Arras	ἀρρην ρασσων	le mâle fixe, brisant tout (lion et rocher)
recouvrez	ῥέξει κουριζων ος ἐξοντα	régnera activant son feu fixe
au	αυαινων	desséchant
voyage	ηγεομενος ὑδωρ κὀη-λον ουὁατι	dominant l'eau noire par le sec
D'Espagnols	δηλοσον τις παχυς οἰεσει σηπεδονα	illuminant, lavant le laton, le fixe détruira le serpent, la putréfaction
fait	φαινων τσεουτι	celui qui donne la lumière aux vivants
second	σηκοσει οντα δεοντα	contrebalancera les réalités arrêtées
banc	βανας καιομενης	la femme Babylone enflammée
maclin.	τμαχλοσυνης νηστεεαι	de débauche ayant fait pénitence.

Traduction libre.

Napoléon V, Typhon privé de lumière, élevant sa tête jusqu'aux nues, tandis que ses pieds seront plongés dans l'abîme de putréfaction, renversera le Pape qui protège ceux qui prient pendant le combat de l'humide et du sec. Aux cris de détresse du Pape Léon XIII, phare des vivants, tourmenté par la lie populaire pleine d'une haine secrète, Henri V soleil-lune viendra abattre l'aigle napoléonienne qui met tout en feu. Ayant à sa disposition les châtiments vengeurs, Henri V comme un lion ou un rocher, brisant toute résistance viendra régner, activant son feu fixe, desséchant, dominant l'humide par le sec. Lavant le laton, la matière noire, le fixe détruira le serpent, fils de la putréfaction. Le Pape, qui procure la lumière aux vivants, obtiendra l'équilibre des plateaux de la justice divine, par l'expiation et la pénitence de la Babylone enflammée de débauche.

NOTE.

Le lecteur nous saura gré de traduire encore en ce volume, deux quatrains qui viennent confirmer ce qui précède :

> Près de Rion et proche à blanche laine
> Aries, Taurus, Cancer, Léo, la Vierge
> Mars, Jupiter, le sol ardera grand plaine
> Bois et cités lettres cachez au cierge. (VI, 35.)

Sens précurseur.

La France, venant de voir la crête de la montagne (la révolution radicale) et près d'être à celui qui ressemble à l'agneau sans tache; dans les signes du Bélier, du Taureau, du Cancer, du Lion de la Vierge (de mars en septembre). Napoléon V (Mars) et Henri V (Jupiter) étant en présence dans les événements, le soleil brûlera les champs, les bois, embrasera l'air des cités; alors les lettres du grand prophète cachées depuis longtemps seront mises en lumière.

Version littérale.

Près	πρηστηρ	Typhon (Nap. V)
de	δεξεται	sera élu
Rion	ωναξ ρυαχετου	chef de la multitude
et	εταιριαις	par les sociétés secrètes,
proche	προ χεσουδρος	avant que le mercure volatil et fixe, amphibie
à	αμειβει	change
blanche	λεαχειαν αγχεμαχην	son état volatil belliqueux
laine	λαινη	en état fixe de pierre

Aries	αριστος ησει	le fort sortira
Taurus	υσεως ταυροουσης	de la pluie volatilisée
Cancer	κεραυνιου καναχεονος	de Jupiter tonnant
Leo	λεοντηδον	comme un lion
la	λαβων	s'emparant
Vierge	ιερας γης υμεναιοτεας	de la terre sacrée pour l'épouser
Mars	σελας μαον αρεος	astre avide de carnage
Jupiter	ιος πιτυλεων ηραρων	l'inique s'agitant avec bruit, fixant
le	λειβων	liquéfiée (en eau)
sol	σολος	disque, soleil
ardera	αρδευσει εραξε	arrosera, à terre
grand	γρυπαιετον ανδαιοντα	l'aigle incendiaire
plaine	πλαροων ινητεον	le fixant pour le purifier.
Bois	υς βοχουσα	la matière noire criant avec tapage
et	ετρωσασα	étant blessée.
cités	τεγξει αινεομενη	par la pluie en mouvement
lettres	συμβαινον τρεσεως λειτουργου	le résultat de l'agitation du prophète
cachez	χησεται κανονικως	sera ouvert avec méthode
au	αυγη	avec clarté
cierge.	κλιοντι γην ιεραν	par celui qui fait cuire la matière sacrée

Traduction libre.

Napoléon V, vrai Typhon, sera élu chef de la multitude confuse et bruyante, par les sociétés secrètes, avant que le mercure volatil et fixe change son état volatil belliqueux en état fixe. Le fort sortira de la pluie volatilisée de Jupiter tonnant, comme un lion, s'emparant de la terre sacrée de France pour l'épouser. Jupiter tonnant, terrible comme Mars, soleil liquéfié, arrosera sur la terre l'aigle incendiaire pour le purifier en le fixant. Alors que l'on entendra les gens livrés à leurs instincts matériels jetant les hauts cris sous la pluie torrentielle qui les pénétrera, les oracles du prophète seront interprétés suivant une méthode lumineuse par le philosophe hermétique.

> Aux fins du Var changer le pompotans
> Prés du rivage les trois beaux enfans naistre
> Rayne au peuple par aage competans
> Règne au pays changer plus voir croistre. VIII. 97.

Sens précurseur.

C'est aux bouches du Var que l'on verra débarquer celui qui doit changer le gouvernement ; c'est près du rivage que se formera le composé merveilleux de soufre, sel et mercure ; là, finira le règne populaire, qui tire sa force et son autorité du suffrage universel, auquel participe tout individu qui a l'âge de majorité : là, commencera le règne monarchique venant le remplacer, et qui ne fera que croître et se fortifier à vue d'œil.

Version littérale.

Aux	κυξησει	Pendant la sublimation
fins	τελας φωον ιναον	la lumière croissant en se purifiant
du	δυνησεται	prendra de la force
Var	υδωρ-αρρην	la lune — œil
changer	χανων αγκαλαις εραν	ouvrant avec ses bras la terre
le	δεδητος	du tombeau
pompotans	πομπευς ποτμος αυστησει	le mercure mort sera vendu à la vie
Prés	πρηστηρ	Typhon
du	δυναμενων	régnant
rivage	ρυαχετω υσων αγα-λαιων	sur la multitude confuse et bruyante des porcs vils
les	λετχη	au moyen de l'assemblée

trois	τρίτης διαστρηλασιας	de la troisième révolution,
beaux	αυξήσεως βεβηκυιας	la sublimation établie,
enfants	ταναι ενδον φαντασιαν	caressera au fond du cœur l'illu-sion
naistre	φηγηναι ναιενον ιστρου	d'expulser l'habitant des bords du Danube
Ruyne	Ρωχετος υαικος νεος	la multitude corrompue volatile
au	αυευτιυος	républicaine aventure
peuple	πληρωτατα πευχαι	ayant équipé une flotte
par	παραξεται	sera battue
aage	αλαδε αγελκδον	sur mer, en troupe
competan-	κομιττα πετχιω ζυστατω	par Mercure volatil rendu à la vie
Règne	ρηχατηρ γνησιος	le roi légitime
au	ου	une seconde fois
pays	παλ κιον υς	vainquant les pores
changer	χαιρησει αγγρεσιν εφαξι	se plaira à forcer sur terre
plus	πλυσει	par le lavage
voir	υσφορολον ισησευτεσν	le troupeau de pores à rester tran-quilles
croistre.	τρεπωνκρονκιοσσμενη	en les changeant en pierre fixe.

Traduction libre.

Pendant la sublimation. la lune-soleil prendra de la force parce que sa lumière augmentera en se purifiant : ouvrant à force de bras la terre de son tombeau le mercure mort sera rendu à la vie. Napoléon V régnant sur la multitude confuse et bruyante des pores immondes, à l'instigation de l'Assemblée de la troisième Révolution. pendant la sublimation. caressera au fond de son cœur le vain espoir d'expulser de France celui qui est venu des bords du Danube. La multitude républicaine corrompue. volatile, ayant équipé une flotte sera

battue, sur mer, en bataille rangée, par Mercure
volatil rendu à la vie. Le roi légitime, une seconde
fois, vaincra sur terre les gens aux appétits grossiers, se complaisant à forcer le troupeau de porcs
à rester tranquilles en l'arrosant de liquide qui le
changera en pierre fixe.

POST-SCRIPTUM

Du 4 septembre 1883

Rebus angustis animosus atque
Fortis appare. (Hor., od. VIIe, l. II.)

Allons hardiment, la tête haute, à
l'obstacle!...

Avant de clore ce volume, je dois répondre à diverses observations qui sont venues frapper mes oreilles.

I

Lorsque vers la fin de 1878 je me présentai comme un traducteur autorisé de Michel de Notre-dame, *le grand prophète français*, lorsque je me posai, timidement encore, comme son traducteur assisté des lumières de l'Esprit-Saint, des censeurs se levèrent pour réclamer de ma part un signe, un miracle, qui vînt confirmer ma prétendue mission d'interprète des desseins du Très-Haut. Plus exigeants que saint Jean Chrysostôme à l'endroit des opérations de l'Esprit-Saint, ils me jetaient brutalement à la tête ce texte de l'Évangile : *Jesus cœpit facere et docere* (Jésus commença par faire des miracles, puis il enseigna) et, avec une violence sans

14

pareille, ils me demandaient sur-le-champ un miracle de premier ordre, tel que la résurrection d'un mort ou la restitution de la parole à un muet, de la vue à un aveugle ou de l'ouïe à un sourd.

Messieurs, en m'abandonnant à la volonté de Dieu, et en coopérant à sa grâce, en lui rendant hommage du don qu'il m'octroyait, d'éclairer mon intelligence et d'échauffer mon cœur, j'ai ressuscité le mort et fait parler le muet.

Si le censeur le plus sévère, pourvu qu'il soit juste, soutenait que dans ma traduction il n'y a rien de surnaturel, qu'il veuille bien lui-même, sans désemparer, continuer ma tâche suivant la méthode lumineuse d'interprétation que j'ai exposée tout au long, et que j'ai suivie, alors je me soumettrai ou je me démettrai.

Mais je suis rassuré sur ce point. Vainement j'ai exposé ma méthode, vainement je me suis efforcé de dévoiler mon secret : personne ne pourra marcher sur mes traces, à moins d'être favorisé des lumières d'en haut.

C'est un *sic vos non vobis...* qu'il ne sera pas donné de remplir par les seules lumières naturelles.

II

Pour obtenir quelque crédit, me dit-on, votre livre aurait besoin d'une approbation de votre évêque !

Mon livre est la traduction d'un auteur inspiré du XVIe siècle, traitant d'histoire *(anticipée si vous coules*) mais qui ne contient rien de contraire aux dogmes, à la morale, aux commandements de Dieu et de l'Église. En fils soumis de l'Église je n'ai point la prétention de modifier sa doctrine, et je désavoue à l'avance tout ce qui dans mon écrit pourrait y porter atteinte à la foi, à l'espérance et à la charité.

Je traduis les prophéties de M. de Notredame sans en faire un article de foi. Y croira qui voudra; en référer à Mgr l'Évêque, demander son approbation, serait vouloir imposer absolument la croyance à ce que cet auteur annonce, serait vouloir annihiler le libre-arbitre, et cela n'entre pas dans ma pensée, car.

« Il ne peut entrer dans les desseins de Dieu de
« voir troubler la belle ordonnance des causes
« secondes, et de sa providence qui laisse les
« choses humaines surtout, se mouvoir d'après
« leur libre-arbitre. Cet ordre et cette liberté
« seraient entravés, si les hommes pouvaient pré-
« voir d'une manière certaine ce qui doit arriver
« par eux et par les autres. Si l'homme savait d'une
« manière certaine toutes les tribulations qu'il doit
« éprouver, et que, d'un coup d'œil, il pût embras-
« ser leur ordre, leur nombre, leur gravité, il per-
« drait courage et se livrerait au désespoir ; mais
« comme les tribulations se produisent une à une,
« successivement et non toutes à la fois, l'homme
« peut alors supporter chacune d'elles plus facile-
« ment. » (Corn. a Lap.)

Mgr l'Évêque n'a donc pas à intervenir en cette

occasion et si je le lui demandais il s'y refuserait
par la raison qu'il ne doit pas entreprendre d'imposer la foi à des choses qui ne sont pas du
domaine de la religion : toutes ces choses, selon
saint Paul, devant être abandonnées à la vaine dis-
cussion des hommes.

D'un autre côté, lorsque je vois les prophéties si
nombreuses et si concordantes qui concernaient le
Messie, demeurer lettres closes pour la nation
juive, je sens bien que l'on n'admettra pas, sans
conteste, les prophéties de M. de Notredame sur
notre avenir : mais il me suffit d'espérer que l'ac-
complissement des faits annoncés par lui, me servira de *criterium*, et sera suivi d'une acclamation
immense d'admiration et de vénération pour son
œuvre.

III

Votre traduction des Centuries, me dira-t-on, a
peut-être une certaine fidélité, mais les prophéties
de M. de Notredame ne sont-elles pas des fables ?
Pie IX, de vénérable mémoire, n'a-t-il pas déclaré
aux fidèles, par l'organe de Louis Veuillot, qu'il
fallait les considérer comme des *contes de vieille
femme ?*

N'ayant point été appelé à comprendre les écrits
de M. de Notredame, ni à les expliquer, et n'ayant
personne à sa disposition pour en donner l'interprétation, Pie IX, à mon avis, était trop sage pour
se prononcer pareillement à cet égard. En effet,
• s'il vous arrive de présenter un livre hébreu à

quelqu'un qui ne sache pas l'hébreu, il vous décla-
rera sans doute qu'il ne peut l'expliquer, mais il
n'en conclura pas que ce livre n'est qu'un tissu de
rêveries. Avant de pouvoir apprécier les œuvres de
M. de Notredame, il fallait trouver l'interprète de
son mystérieux langage, et le champ de la critique
n'est ouvert que depuis ma publication.

Ne nous insurgeons pas, sans réflexion, contre
le merveilleux soit humain, soit divin.

Le *merveilleux humain*, créé par des cerveaux
tels que ceux d'Homère, de Dante, de Shakespeare,
de Milton, d'Arioste, de Tasse, de Michel-Ange,
de Raphaël, de Weber et de Beethoven, est
répandu partout, dans la poésie et dans les arts.
Dans la peinture et la sculpture, le merveilleux est
tout emprunté à la poésie. Le merveilleux de la
musique, fille de l'air, est vague, incertain, vaporeux, comme lui ; quelquefois il est grave comme la
lourde atmosphère, quelquefois léger comme l'éther.
C'est une peinture saisissante offerte à l'oreille par
l'harmonie et la mélodie que met en œuvre une
âme inspirée. L'architecture, bien que subordonnée
à des règles premières, a un merveilleux qu'elle ne
tient que d'elle. C'est d'ordinaire la hardiesse
aérienne, le gigantesque, la massivité prodigieuse,
la profusion d'ornements connus ou inconnus, la
prodigalité des porphyres, des jaspes, des marbres,
de l'or, de tous les métaux solides ou brillants que
le poète se plaît à décrire. Enfin, le merveilleux
humain est une goutte de flamme tombée du ciel
sur quelques artistes privilégiés, pour charmer ce

embellir l'existence du genre humain : jamais le merveilleux ne sera de l'*or monnayé*, ainsi que le prétend l'école matérialiste.

Le *merveilleux divin*, le surnaturel, le miracle, manifestation de la toute-puissance qui nous a conduits et élevés à la dignité de chrétiens (*in eo vivimus, movemur et sumus*) nous poursuit, nous circonvient et nous inonde. Un jour, c'est à la Salette qu'il se montre, le lendemain, et combien de lendemains ! c'est à Lourdes qu'il apparaît. Il est tant besoin de frapper nos esprits humains, tant besoin de rappeler les symboles divins à nos mémoires infidèles, tant besoin de rendre la lumière à nos yeux voilés par les vapeurs de la sensualité et de l'égoïsme, tant besoin de réveiller les sentiments religieux et monarchiques assoupis en nos cœurs !

Ne méprisons pas les *fables* et les *contes*, ils ont endormi et calmé les douleurs et les soucis de l'homme à tous les âges : ils ont instruit les générations ; ils ont fait vibrer dans les âmes l'espérance et tous les nobles sentiments.

Athéniens à l'esprit délié, au goût délicat, dégustez ce morceau du bon La Fontaine sur le pouvoir des fables :

> Dans Athène autrefois, peuple vain et léger,
> Un orateur, voyant sa patrie en danger,
> Courut à la tribune, et, d'un art tyrannique,
> Voulant forcer les cœurs dans une république,
> Il parla fortement sur le commun salut.
> On ne l'écoutait pas. L'orateur recourut
>   À ces figures violentes
> Qui savent exciter les âmes les plus lentes :

Il fit parler les morts, tonna, dit ce qu'il put :
Le vent emporta tout, personne ne s'émut.
        L'animal aux têtes frivoles
Étant fait à ces traits, ne daignait l'écouter ;
Tous regardaient ailleurs : il en vit s'arrêter
A des combats d'enfants et point à ses paroles.
Que fit le harangueur ? il prit un autre tour :
Cérès, commença-t-il, faisait voyage un jour
        Avec l'anguille et l'hirondelle ;
Un fleuve les arrête, et l'anguille en nageant
        Comme l'hirondelle en volant.
Le traversa bientôt. L'assemblée à l'instant
Cria tout d'une voix : Et Cérès que fit-elle ?
        Ce qu'elle fit ! un prompt courroux
        L'anima d'abord contre vous.
Quoi ! de contes d'enfants son peuple s'embarrasse :
        Et, du péril qui la menace.
Lui seul d'entre les Grecs il néglige l'effet !
Que ne demandez-vous ce que Philippe fait !
        A ce reproche l'assemblée.
        Par l'apologue réveillée,
        Se donne entière à l'orateur.
        Un trait de fable en eut l'honneur.

Nous sommes tous d'Athène en ce point : et moi-même.
Au moment que je fais cette moralité,
        Si Peau-d'Ane m'était conté
        J'y prendrais un plaisir extrême.
Le monde est vieux, dit-on, je le crois, cependant
Il le faut amuser encor comme un enfant.

I, nunc, libelle ! Pars maintenant, cher livre,
avec la qualification que tu mériteras d'*histoire*, de
fable ou de *conte*. Mais ramène cent mille Français seulement à des idées catholiques et monarchiques pures et je te féliciterai de ta destinée !

IV

Enfin, diront encore mes lecteurs, Mgr le comte de Chambord a succombé à un cancer de l'estomac, à une atrophie du rognon, à une *entharrtritis universalis*, le 24 août 1883, veille de la fête de saint Louis. Le 3 septembre, ses restes mortels ont été bien et dûment déposés à Goritz dans un caveau de famille.

Que devient dès lors votre livre annonçant de par Michel de Notredame, le règne justicier et réparateur d'Henri V ? il semble n'avoir plus de raison d'être puisque nos plus chères espérances communes se trouvent détruites par sa mort. Cette déception doit singulièrement ébranler la confiance que vous aviez dans M. de Notredame, et que vous vouliez nous faire partager ?

Ὦ Ἄνδρες Ἀθηναῖοι! J'ai pleuré la mort d'Henri V. mais j'ai toujours foi dans le principe de droit divin et dans la royauté traditionnelle dont il était l'incarnation.

Vous avez lu comme moi dans le *Pays* cette pensée remarquable d'intuition de M. Paul de Cassagnac :

« La royauté n'est pas à Eu, n'est pas à Chan-
« tilly, elle est là-bas à Goritz et pour monter sur
« le trône, il faut en gravir la première marche qui
« est le cercueil du vieux roi ; pour se réveiller
« enfin roi de France, il faut s'être couché dans le
« lit du mort. »

Comme moi vous vous demandez comment sera résolu le problème qui se pose ?

> Le roi, fils de David, où le chercherons-nous ?
> Le ciel même peut-il réparer les ruines
> De cet arbre séché jusque dans ses racines ?
>
> . . . .
>
> Les morts, après cinq mois, sortent-ils du tombeau ?

(Racine, Athal., act. 1er.

1° La maison de Bourbon n'a-t-elle plus de nouveau David pour faire revivre la lumière de Juda dans la succession de ses rois légitimes ? En revendiquant la qualité d'héritier du trône d'Henri V. Mgr le Comte de Paris n'a-t-il pas l'intention d'accepter toutes les obligations et tous les devoirs que cette qualité lui impose pour le bonheur de la France ? Pourquoi ne prendrait-il pas le nom d'Henri VI puisqu'il s'est déjà déclaré Bourbon ? N'a-t-il pas adopté déjà les armes de France : *d'azur à trois fleurs de lis d'or*, et abandonné les armes de la branche cadette d'Orléans avec ses erreurs ? Voudra-t-il être roi de par le droit divin ou de par le droit populaire ? *That is question !*

2° Michel de Notredame, dans nombre de ses quatrains, nous signale Henri V *comme mort revenant à la vie*. Faut-il l'entendre à la lettre ou devons-nous croire seulement à la résurrection, à la restauration du principe de droit divin et de l'esprit d'Henri V personnifié dans un autre héros ? *La lettre originale de l'occulte prédiction* rendait la vérité claire au prophète, mais il l'a *gardée dans*

son cœur suivant son épître à César, § 4. La dis-
tinction échappe à son traducteur insuffisamment
éclairé sur ce point et partant faillible. Toujours
est-il que sans connaître le dernier mot de la providence de Dieu, je ne me refuse à espérer aucun miracle de sa miséricorde, quelque grand qu'il soit,
pouvant nous rendre la royauté catholique.

Quoi qu'il arrive, mon livre restera tel qu'il est
sans que j'en modifie une syllabe. Dieu se chargera
de réaliser ou de démentir ce que M. de Notredame
y annonce par mon intermédiaire. Que sa volonté
soit faite sur la terre comme au ciel !

Athéniens, je terminerai par la réponse typique
lancée par notre ménétrier de campagne à ceux qui
l'interrogeaient sur l'air inconnu qu'il leur râclait :
« *Dansez toujours, je sais bien ce que je joue.* »

TABLE DES MATIÈRES

Pages.

Dédidace à Marthe et Madeleine, mes petites-filles . .   5

Avis à mes disciples   11

Première partie. — Divulgation du grand secret d'interprétation comprenant : 1° un coup d'œil sur l'art hermétique : 2° un argument nouveau et décisif tiré du prophète Isaïe, en faveur de l'allégorie hermétique employée par Michel de Notredame : 3° les trois clefs du monument : 4° l'alcyon va jeter son cri   17

Deuxième partie. — Huitième centurie. Explication de cinquante-quatre quatrains et plus, par deux traductions l'une littérale, l'autre plus libre avec des notes et des commentaires   81

Post-scriptum contenant réponse à diverses observations et critiques, daté du 4 septembre 1883 . . .   209

TABLE POUR LES PHILOLOGUES

AVEC INDICATION DES PAGES

A. Ariel 11. Abraham 16. Ane 18. Assur 53. Autruche 64. Aigle 104. Armée 107. Abbé 16. Adultère 119. Agde 133. Amour 136. Amalel 135. Avarice 174.

B. Babylone 18. Basilic 18. Basan 59. Bosra 64. Boues 65. Bellerophon 117. Bastard 135. Brave 149.

C. Carmel 45. Chameau 18. Corbeau 64. Cerf 66. Coq 91. Cappe 131. Chemin 168.

D. Denis 18. Dragon 64. Diamant 73.

E. Egypte 32. Edom 63. Esau 63. Espoux 105.

F. Fleur 125. Fiis 130. Froschdort 134. France 182. Faim 195

G. Genève 98. Garibaldi 99. Gaulois 119. Guerre 192.

H. Hérisson 64.

I. Israël 16. Idumée 62. Ibis 64. ιχθυς (poisson) 109.

J. Jupiter 11. Jérusalem 11. Juda 13. Jacob 16.

K. L. Lettres 11. Liban 15. Lion 18. Licorne 64. Loup 102. Lausanne 111. Libido 119. L'honneur 119. Lis 127. Lusignan 135.

M. Marthe et Madeleine 6. Minerve-Athéné 11. Milans 65. Monument 70. Mars 87. Mariage 202.

N. Nuiet 21. Noble 65. Nev..a 119

O. Ogmion 117. D'Orléans 131. Onocrotale 64.

P. Perse 31. Paris 11. Pharaon 17. Prince 55. Paliure 64. Praetus 117.

R. Rome 108. Rouge 132. Roux 162. Regnard 171.

S. Sion 13. Saron 59. Sang 85. Sainct 159. Saturne 143.

T. Japheth 53. Taureaux 64. Turin 105. Thrésor 116-147. Tarasque 182-183.

V. Vulcain 11. Vipère 18. Venise 107, 111. Vie 121. Vénus 150-151.

ERRATA

Page 14. ligne 8, *ôtez :* s a fleurs.
— 14, — 11. *mettez :* Creuzer *au lieu de :* Creützer.
— 20, — dernière, *lisez :* ses divins arrêts.
— 22, — 20, *lisez :* μυς contracté *pour* μυες.
— 22, — 24, *lisez :* viscères *au lieu de :* vicères.
— 22, — 29, *lisez :* δια εδραζομενα les choses divines arrêtées.
— 41, — 1, *lisez :* Glaire *au lieu de :* Glaive.
— 41, — 5, *lisez :* année *au lieu de :* armée.
— 41, — 28, *lisez :* ιερω *au lieu de :* ιερα.
— 47, — dernière, *lisez :* symbolisant *au lieu de :* symbolisent.
— 47, — 22, *portez les deux-points après par.*
— 51, — dernière, *lisez :* πανος pour φανος.
— 52, — 2, *lisez :* septuplée *au lieu de :* ceptuplée.
— 53, — 29, *lisez :* Tympanum *au lieu de :* Typanum.
— 81, — 15, *intercalez le mot* en *après raison.*
— 92, — 1, *lisez :* αιτσομενου.
— 100, — 3, *lisez :* nay *au lieu de :* roi.
— 101, — 12, *lisez :* violant *au lieu de :* violent.
— 108, — 23, *lisez :* équivalant *au lieu de :* équivalent.
— 111, — 20, *lisez :* μετα *au lieu de :* μενα.
— 113, — 13, *mettre :* Vicence *au lieu de :* Vivence.
— 119, — 10, *mettre :* ευ *au lieu de :* ευς.
— 120, — 21, εφορβεντος *au lieu de :* εφωτομενου.
— 124, — 13, *lisez :* des *au lieu de :* de ses.
— 135, — 14, *lisez :* ταραττομενου *au lieu de :* ταρασσομενου.
— 137, — dernière, *mettez* αντιοντι *à la place de* αντιστι.
— 142, — 15, *mettez* au *à la place de* ou.
— 144, — 3, *mettez :* ses pièges *au lieu de :* des pièges.
— 148, — 3, *lisez :* εναντιω *au lieu de :* εταντιω.
— 152, — 5, *mettre point et virgule après* Cypre.
— 153, — 23, *mettre :* υδωρ *au lieu de :* υδατα.
— 153, — 3, *mettre :* faict *au lieu de :* faire.
— 153, — 24, *mettre :* faicte φαινουσα éclairant.

ANGERS, IMPRIMERIE LACHÈSE ET DOLBEAU.